人生の羅針盤 ONEルール

高田悦子
一般社団法人
国際コーチング振興協会 代表理事

Rashisa

人生の羅針盤
ONE ルール

はじめに

「ONEルール　人生の羅針盤」にご興味をお持ちいただきありがとうございます。

ざーっととページをめくってみられて、もしかしたら、この本は何かの信仰宗教ではないか、と感じられた方もいらっしゃるのではないでしょうか？

この本を書いた目的は、これからお話しする「ONEルール」を盲信してもらうことでも、この本の考え方を広め、私が教祖のようになることでもありません。ただ、この本を通して人生に悩んでおられる方や生きづらさを抱えておられる方々が、少しでも楽になってもらえたり、生き方のヒントを見つけるきっかけにしていただけたらと願って書きました。この本に関わってくださる方、手に取ってくださった方全ての方に幸せが訪れますように。

２０１８年6月18日、大阪で大地震が起こった日。私は、この本でお伝えしたい理論の核心となる部分に出会いました。当時、私は大阪市内の自宅で、震度5弱の地震に遭いました。ですが、地震を忘れてしまうほどにこの理論は衝撃的でした。しかし、この理論をどのように伝えればいいのかわからず、途方に暮れました。

この理論を、マジョリティの方々にお伝えしたとしても、何か新興宗教の類かと疑われ、とても信じてもらえそうにないと悩みました。

しかし、その年の夏ごろに、同居していた次男に話してみたら理解してくれたので、それをきっかけに、年末には、私が運営しているコーチングスクールの生徒さんたちにも、少しずつ話せるようになりました。すると、生徒さんのほとんどの方も理解してくださり、私は希望を感じました。

皆様の勧めもあり、次男に1章2章を執筆してもらい、２０１９年春に『唯愛論』という本にして、Ａｍａｚｏｎで電子書籍として出版しました。さらに皆様からの後押しのおかげで勇気をいただき、この本にまとめることができました。

初めてこの本に出会った方が、なんだか怪しそうな理論だと疑われるのは自然な感情だと思います。ただ、多数ある書籍からこの本を手に取っていただいたので、ぜひこのままお読み進めていただければ幸いです。

さて、人は生きている限り何かしらの不安を感じるようです。そしてニュースや新聞、ネットメディアではネガティブなニュースが途切れることがありません。例えば、昨今話題のコロナの問題が解決したとしても、様々な心配事や漠然とした不安は、次から次へとやってきます。

どうして、人生は不安や心配事が尽きないのでしょうか？
その不安や心配事の元は、どこからやってくるのでしょうか？
あなたの日常は、幸せな未来につながっていると言えますか？
あなたの信じる常識は、本当にあなたが望む幸せな世界へと連れて行ってくれるのでしょうか？

日本では、10歳〜39歳までで最も多い死因は「自殺」（厚生労働省自殺白書平成３０年度版）であり、世界一です。特に、若者の死因自殺率が高いです。（厚生労働省「諸外国における自殺の現状」）

日本は比較的、平和な国として一般的には認識されています。しかし、その一方で近親者による子どもの虐待件数が増え続けています。２０２０年に児童虐待の法改正はされましたが、隠蔽された家族間の虐待の被害は後を断ちません。経済的に豊かであり、平和だとされる国で、なぜこのような非道な事件が継続的に起こるでしょうか？

世界中に平和を願う人々が存在しているのに、戦争やテロは未だに無くなりません。科学技術が発達し、より自由で便利な世界になっていっている筈なのに、どうして、世界は未だ平和にならないのでしょうか？世界中に神を信じる宗教が存在し、人々は熱心に祈りを捧げているのに、どうして、病気や貧困で人々は苦しむのでしょうか？

人類が地球に誕生してから、いまやその数は77億人に達しました。しかし、人類発展の陰に、大自然の生態系を破壊している一面があります。人類は大自然と共生しながら幸福に暮らすことはできないのでしょうか？

私たち人類は、一体どこへ向かっているのでしょうか？

人類は何を目的に、どこを目指して、生きればいいのでしょうか？

明確な指標も、人生の羅針盤もない中、ただ大多数の常識に流されて生きて、満足に人生を全うすることができるのでしょうか？また、それぞれ思い思いに描いた目標なり理想なりを目指すだけで、幸せになれるのでしょうか？

現代は、思想哲学の自由が許されており、様々な成功哲学の情報も数多くあります。

成功哲学、心理学、脳科学、スピリチュアル、宗教、数々の自己啓発、一体どこに真理はあるのでしょうか？

「どうすれば生きやすくなるか？」「どのように思考すれば成功するか？」などの方法論、ノウハウについては、多くの考え方が存在します。脳科学や心理学では、統計的にわかってきていることも多くなり、統計データ的な理論はあります。しかし、そのハウツーや考え方の根拠について、科学的に理論的に説明しきることは未だできていません。

人間という生物は一種類なのに、哲学、宗教、科学がそれぞれ別々の理論を打ち立てています。哲学にも派閥があり、宗教はそれぞれの宗派で争い、宗教戦争を繰り返し、考古学、量子力学はそれぞれの理論を展開しています。どれ一つ間違いではなく、一面の真理を表しているのだと思いますが、全てに共通する理論ではありません。理論や経典がばらばらに存在しているだけです。

人生の羅針盤になる不変の真理や原理原則はないのでしょうか？

「人間が作った六法全書ではなく、宇宙全てに共通する理論があるはずだ」

「全ての理論を網羅できる地球の真理もあるはずだ」

「科学的にも哲学的にも心理学的にも宗教的にも思想的にも、全ての理論を網羅し、集約する本当の真実とは、何か！」

そう思いながら生きていました。

現在、私は62歳です。2回結婚し、2回離婚し、12年間うつ病を患っていました。その中で、3人の子どもを産み育てつつ、いくつか会社を起業経営していました。傍ら、心理学、脳科学やコーチング、様々な宗教を学び、慌ただしい人生の中で、宇宙的な真理を探し求めていました。

何故、私がそれほどまでに激しく真理を求めてきたのかと申しますと、過去の生い立ちからか、孤独と絶望を抱えており、空虚で苦しい状態が長く続いていたからです。今まで、自分の過去については、なるべく語らずに生きてきました。理由は、その話をすることにより周囲の人々を、重く暗い気持ちにさせてしまうと心配していたからです。

ですが、今回は皆様により深く私の真意をお伝えさせていただくため、少しだけ自己紹介をさせていただきます。

私は子どもの頃、複数の大人達から日常的に、虐待や暴力を受けていました。その影響があってか、昔から周囲の大人達を信じることができず、常に大人を恐れて顔色を伺っていました。暴力を避けるために、悲しみも痛みも表情に浮かべないように気を付けて、なるべく目立たないように、息を潜めて生きていました。7歳ごろには、地球上のどこにも自分の居場所がないと感じていました。成人し、結婚をした後も、ますます孤独になり絶望感に苛まれるようになりました。その孤独感、絶望感を無意識でごまかしたくて、多忙を極めてきたのだと思います。

一人で真理について、あれこれ考え事をする時間・本を読みあさる時間が、一番、私自身を取り戻し自由に過ごせる時間でした。真理を探究することが私の逃げ場だったのだと思います。

そしてようやく、2018年夏。それまでの経験と学びを統合することができ、ひとつの答えにたどり着きました。

私は、どの宗教団体にも学派にも属さない自由な立場におります。自由な立場だからこそ、書くことができたと言えます。

本書では、昨今の日本で起こる悲惨な児童虐待、家庭内暴力、精神的な疾患の急増、社会や学校での支配、被支配関係など、すべての問題の根源的な原因とその根拠について理論的に説明しております。人類史を科学的に紐解き、「人類は何を目的にし、どう生きればいいのか？」という疑問に対して明確にお答えしております。

この考えが、過去のどのような考え方にも属さない人類の真理であり羅針盤になると自負しております。そしてそれは、決して「怪しい宗教」でも「教祖崇拝」でもない、あるひとつの考えです。それが「ＯＮＥルール」です。

最後まで、お読みいただけましたら幸いです。

目次

第1章

「見えない世界」は本当に存在するのか？

第2章 宇宙の誕生と人類の歴史に隠された真実

第3章 人類の「嫉妬」はここから始まった

第4章

現代人を振り回す「堕落因子」の真実

第5章

「堕落因子」が及ぼす親子関係の問題

第6章

運命のパートナーと生きる「唯愛論」

第7章

これからの生き方がわかる「ONEルール」

第1章

「見えない世界」は本当に存在するのか?

「見えない世界＝怪しい」という思い込み

「ONEルール」の核心を述べる上で、目に見えない精神世界が存在するという前提が重要になります。そのため、第1章では、目に見えない精神世界が存在するかどうかについて、考察を深めていきたいと思います。

精神世界が存在すると既に考えておられる方は、第1章を飛ばして読み進めていただけたらと思います。

もしも、目に見えない世界、精神世界や心・魂が存在しないと仮定したら、どうなるでしょう？

昨今では、人生100年時代と言われています。

もしも、精神世界（心）がないとしたら、私たち人間も死んだら、ただ無くなるだけです。

みんな死んで、無になるのなら、生きる意味はあるのでしょうか？また、人生の中で成長し、幸せを目指す意味はあるのでしょうか？

みんな死んで、等しく無になるなら、罪を犯しても見つからなければ良いという考えも出てくるでしょう。「死刑を希望して、無差別殺人をした犯人」を裁くことはできるでしょうか？

肉体（脳）の中に記憶があり、脳で感情を作り出すことがわかってきました。では、脳が私たち人類の全てでしょうか？もし、人間に精神が存在しなくて、肉体しかないのなら、愛も、肉体（脳）にだけ存在するということになります。愛の関係は、肉体（脳）が存在している期間だけの関係だということになります。

では、人間はなぜ、死んでしまった人を想い、慰霊するのでしょうか？なぜ、どの宗教にも共通して、精神世界（魂、霊）が存在するのでしょうか？

「見えない世界」は科学で証明できる

ここから、科学的な見地からの精神世界についてご紹介していきます。

アメリカの物理学者リサ・ランドール博士は、著書の中で「我々の世界は3次元と時間（4次元）が存在している。さらに、そこに新しい空間の因子を追加したものが五次元である。」と述べています。

0次元とは点の世界
1次元とは点と点がつながった線の世界
2次元とは平面の世界
3次元とは空間の世界

では、4次元以上の世界は、どんな世界になるのでしょうか？

アインシュタインは、空間と時間は同時に存在するため、今我々が生きている世界が４次元（３次元の空間＋１次元の時間の軸）であると定義しました。ここでは、５次元以上の次元を余剰次元とし、書いていきます。

物理の法則として、より高い次元からの低次元は理解できるが、低い次元からの高い次元は理解できない、というものがあります。つまり、私たち３次元の住人には、３次元以下の次元は、完璧に理解できます。しかし、より高い次元の余剰次元は、想像することはできても、理解することができない、ということです。余剰次元は、３次元からの物理的アプローチでは観測できません。

わかりやすく説明すると、

３次元の物体を両断した時、断面は２次元の面
２次元の平面を両断した時、断面は１次元の線
１次元の線を両断した時、断面は０次元の点

では、余剰次元を両断した時、断面は３次元であると言えます。しかし、私たちの頭では、その余剰次元を想像することでさえ、難しいのです。なぜなら、私たちの脳が３次元に存在し、高次元を認識することができないからです。とはいえ、高次元が存在するヒントは確かにあります。

例えば、２次元の世界に、３次元の球体が通り過ぎたとします。２次元の住人（フラットランドの住人）から見たら、球体が通り過ぎる時、平面に点が現れ、点が膨らんで輪になり、輪が膨らんでピークに達したら、また輪が縮み、点になり、消えます。リサ・ランドール博士は、私たち人類もこのフラットランドの人間のように、触ることも感じることもできませんが、余剰次元がこの３次元世界を取り巻いていると考えています。

もう一つ、例として、３次元の物体の影が２次元の平面に映ったとします。このように、３次元の住人から見れば、うさぎですが、２次元の住人にとっては手の形のように、認識されるわけです。これが、３次元世界（私たちの世界）にも、余剰次元の世界のヒントが隠されていることのイメージです。

リサ・ランドール ワープする宇宙 ― ５次元時空の謎を解く ―
（ＮＨＫ出版、２００７年）より引用

１９００年代に活躍した脳神経外科医のワイルダー・ペンフィールドは、精神世界について、次のような結論をだしました。

心的なものと物質的なものは、それぞれ独立した実体です。心的な現象を担う主体として「魂」のようなものの存在を前提とする「実体二元論」と呼ばれる説です。

つまり、魂（心的な現象を担う主体）と脳（物質的な現象を担う主体）は別に存在するという考え方です。「脳以外の見えない世界は存在する」と結論付けています。

「心」の正体がわかる実験

量子力学的視点からの心（魂）についての実験と考え方をご紹介します。量子力学とは、アインシュタインの相対性理論と同じく、現代物理学の根幹をなす理論です。物質を構成する一番小さい単位である分子、原子、電子などの物理現象についての力学です。

アインシュタインの相対性理論は、大きな世界（マクロの世界）では、「E＝mc2」というシンプルな方程式が当てはまります。しかし、小さな世界（量子の世界）では、この数式が当てはまらないのです。アインシュタインはシンプルであること、シンプリニシティというものに非常に重きを置いていました。

しかし、量子力学の数式はシンプルではなく、主観的な物理学の世界なので、シンプルであることを重視したアインシュタインは、生前とても悩んだようです。

この物理世界には、４つの力があります。「重力」、「電磁力」、「強い相互作用」、「弱い相互作用」の４つです。アインシュタインは「この宇宙は、すべてシンプルな数式であら

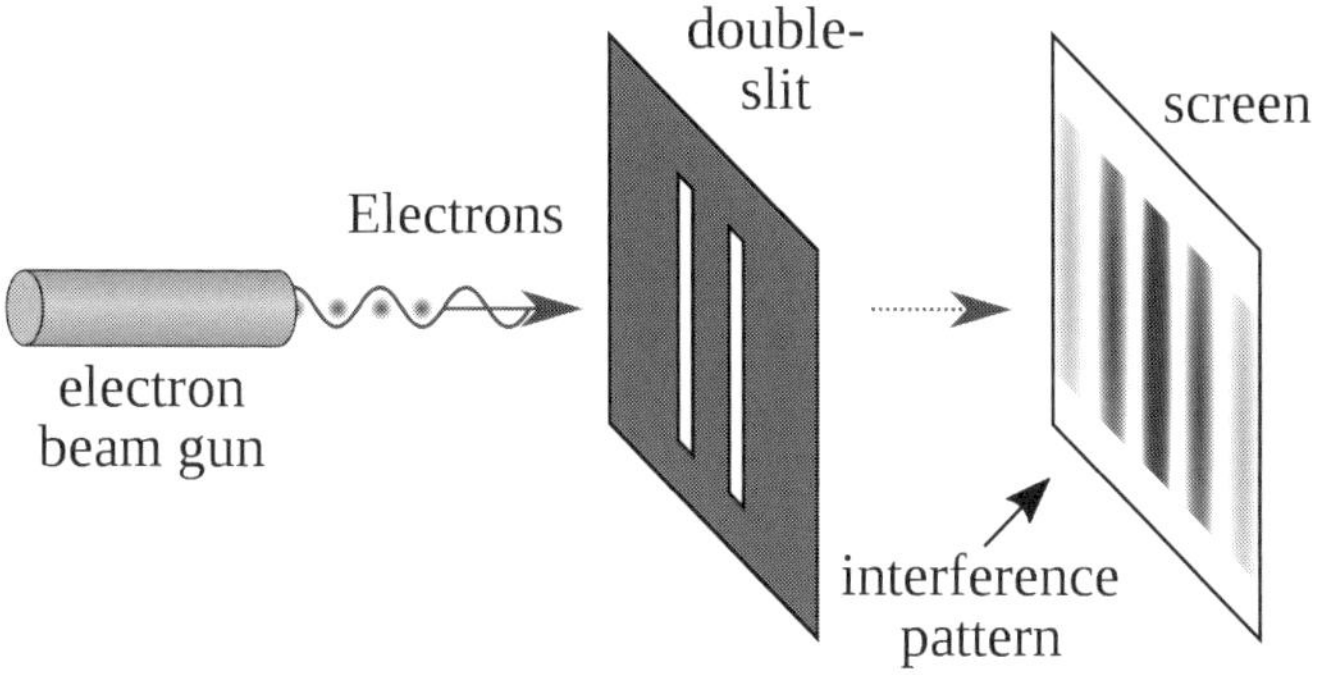

出典　https://www.bttp.info/physics/mwi/

わせる」と信じ、彼はこの４つの力を統一できる理論を考えていましたが、完成前に亡くなってしまいました。今では、重力以外の３つの力が統一できた標準理論がありますが、４つの力全てを統一する理論（大統一理論）は、まだ完成していません。

量子力学では、素粒子には二つの異なる性質があることが証明されています。粒子性と波動性です。量子力学の有名な実験の一つに、「二重スリットの実験」があります。

この実験では、「人間（観測者）の意識が実験結果に干渉する」という一説があり、話題になりました。この「意識と量子力学との関連性」については、インターネット上でも様々な学説と解釈がありますので、本書では言及致しません。

さて、全体（世界）と一人との関係は、海と波に例えると分かりやすいと思います。海には、波があります。しかし、波を手ですくうことはできません。すくえるのは水だけです。
しかし、海には波があり、水もあります。

世界は大きな海で、私たちはその波の一つに過ぎないという考え方です。一つ一つの波は、みんな違っていて個性的です。同じものは一つもないし、これからもひとつも生じません。しかし、全てつながっています。例えると、大海はこの世界全体であり、波は私たち一人ひとりの存在だということです。量子という全体の大海の中の、ひとつの現れ、それが私たちということです。素粒子は、別々の二つの性質があり、どちらの動きもします。そして、それは我々の認識通りの動きをするという考え方があります。

この考え方で、現実をとらえ直してみると、人と人、人と物質、人と空間、人と出来事など、全てがつながっているということがよくわかると思います。

分離しているもの、分かれているものなどは何もありません。全てがつながっています。私たちは肉体をもっており、脳は個別に存在しているので、自分は全体（海）とは、分離していると勘違いをしているのです。

この全体とのつながりは、個別の脳の思い込みを超えた時に、初めて魂（心）で感じることができるのだと思います。

私たちは量子という大海の波に過ぎない、ということに気づくと、なぜか安らかな気持ちになりませんか？

過去も未来も存在しない

次に、量子力学的視点で身体について考えてみましょう。

私たちの身体は、エネルギー空間と素粒子の集合体でできています。人間の思考や感情も、エネルギーです。思考や感情は、脳波計で電気信号として計測することもできます。

身体もエネルギー、思考や感情もエネルギー、全てがエネルギーとして影響し合っています。思考や感情のエネルギーで、自分の身体を組織するエネルギーや素粒子に影響を与えることができます。そのようにして、細胞内のＤＮＡのスイッチを入れたり、切ったりすることも可能です。

量子力学では、未来はパラレルワールドであると言われています。過去も未来も実際はなく、「今、現在」に全てがあるという理論です。

過去は、頭の中に記憶として残っているだけです。未来も頭の中に予想としてあるだけで、実際には時間というモノは「今ここ」にしかありません。「今」という現在が、永遠に続いているだけなのです。「現在、過去、未来は同じ空間に留まっていて、それが散在している状態」です。

量子力学的視点でみると、私たちの未来は、いろいろな未来が無限に存在しています。どの未来も、実現可能であり、すでに存在しているに等しいのです。全ての未来が今ここに存在しています。

片方の音叉をたたくと
その振動がもう一つの音叉に伝わり
両方が同じ振動を発する

出典　https://lifeisblue.net/blog/vibration-wave-make-world/

「心」とは一体、何なのか？

私たちの「心」は目に見えはしませんが、たしかに、そこに存在するということです。そして、「この世界はそれぞれの人の認識通りの世界になる」ということです。

また、私たちの「心」は波動性を帯びています。音叉で例えるとわかりやすいかもしれません。同じ固有振動数の音叉を用意して片方だけたたくと、もう片方も震えだします。これを「共鳴」といいます。人間の心（魂）も波動性を帯びているので、同じ波動を持つ人は共鳴します。逆に、波動が違いすぎる人には、思いが届かないのです。以心伝心と言われるように、同じ波動であれば、心を届けることも可能なのです。

余剰次元に、時間や空間の概念はないので、祈りはいつでも、どこでも波動が合うところへ届けることができます。つまり、人間は一番感覚（精神性）の近い人間に刺激を感じるので、「類は友を呼ぶ」という考え方や「引き寄せの法則」もあると言えます。

18世紀の天才科学者スウェーデンボルグは、神学者で、霊界を科学した人として有名です。彼は当時、ヨーロッパ有数の学者として知られ、彼が精通した学問は、数学・物理学・天文学・宇宙科学・鉱物学・化学・冶金学・解剖学・生理学・地質学・自然史学・結晶学など多岐に渡ります。

一通り学問の研究をした後、最後に霊界を研究した人物です。また、彼はイエス・キリストを研究した人としても有名です。

精神世界を研究した科学者もいます。有名なアメリカの哲学、心理学者のウィリアム・ジェームズです。ジェームズは、精神世界に対して「それを信じたい人には信じるに足る材料を与えてくれるけれど、疑う人にまで信じるに足る証拠はない」という結論を出しました。これをウィリアム・ジェームズの法則と言います。

多くの科学者が、実験や量子力学によって、精神世界（見えない世界）の存在を証明してきました。しかし、科学的な根拠やエビデンスが、不十分だと思われることもあります。正直なところ、確定的な証拠は無く、しっかりと説明できるだけのエビデンスは、未だ見つかっておりません。ただ、状況的な証拠は、至る所に存在していると私は考えます。見えない世界の存在を、見える世界で表現するのは、とても難しいのです。最後にご紹介したウィリアム・ジェームズの言葉通り、信じたい人には理解できるけど、疑う人にまで信じていただけるような証拠はないのだと、私も思います。

「精神世界・心・魂」の違い

私が考える「精神世界・心・魂」についてお伝えします。

「精神」「心」「魂」は３つとも見えない世界に存在します。その３つの関係について大まかにいえば、精神世界の中に心が存在し、その心の中に魂が存在しています。

全ての生物は、目に見えない心と、目に見える身体との二重構造になっています。見えない精神（心）は全てがつながっています。それが精神世界です。心は身体からの影響も受けて存在しています。魂というのは、一言で説明するのは難しいのですが、「宇宙の根源的な愛のエネルギー」だと考えます。

この考えの論拠について、本書全体を通して説明していますので、最後までお読みいただければ幸いです。


ここからは、「目に見えない精神世界は存在する」という結論を前提に書いています。

第2章

宇宙の誕生と人類の歴史に隠された真実

「聖書」は、真理を紐解く歴史書

思想、哲学、人類史を語る上で欠かせないのが聖書です。日本にはあまり、馴染みのない書物ですが、アメリカでは、大統領就任式の際に、この書物の上に手を置いて宣言します。それほど、聖書は重要な書物だとされています。

聖書は、一体どのような書物なのでしょうか？

果たして信憑性はあるのでしょうか？

そして、思想、哲学を語る上で、必須だと言われる人物、イエス・キリストとは、どのような人物だったのでしょうか？

聖書は西洋の3大宗、キリスト教、イスラム教、ユダヤ教のすべてに共通した聖典です。本書では、まず大前提として、聖書という書物は歴史書であり、哲学書だと捉えています。考古学的にも、聖書に書かれている内容は歴史的事実であるということが、次々に解明されています。
考古学によって、発見されたものが、すべて聖書に記載されているわけではありませんが、聖書にはたくさんの歴史的な詳細が記述されています。そして、考古学的な発見の中で、聖書の記録と合致しないものは一つもありません。聖書は驚くほどに正確な歴史書といえます。

宇宙が生まれた瞬間

聖書の創世記には、この世界ができた順序が書かれていますので、その部分をご紹介していきます。

聖　書：創世記
《第1章》

1:1　はじめに神は天と地とを創造された。
1:2　地は形なく、むなしく、やみが淵のおもてにあり、神の霊が水のおもてをおおっ
ていた。
1:3　神は「光あれ」と言われた。すると光があった。
1:4　神はその光を見て、良しとされた。神はその光とやみとを分けられた。
1:5　神は光を昼と名づけ、やみを夜と名づけられた。夕となり、また朝となった。第
一日である。
1:6　神はまた言われた、「水の間におおぞらがあって、水と水とを分けよ」
1:7　そのようになった。神はおおぞらを造って、おおぞらの下の水とおおぞらの上の
水とを分けられた。
1:8　神はそのおおぞらを天と名づけられた。夕となり、また朝となった。第二日である。
1:9　神はまた言われた、「天の下の水は一つ所に集まり、かわいた地が現れよ」その
ようになった。
1:10　神はそのかわいた地を陸と名づけ、水の集まった所を海と名づけられた。神は見
て、良しとされた。

1:11　神はまた言われた、「地は青草と、種をもつ草と、種類にしたがって種のある実を結ぶ果樹とを地の上にはえさせよ」そのようになった。
1:12　地は青草と、種類にしたがって種をもつ草と、種類にしたがって種のある実を結ぶ木とをはえさせた。神は見て、良しとされた。
1:13　夕となり、また朝となった。第三日である。
1:14　神はまた言われた、「天のおおぞらに光があって昼と夜とを分け、しるしのため、季節のため、日のため、年のためになり、
1:15　天のおおぞらにあって地を照らす光となれ」そのようになった。
1:16　神は二つの大きな光を造り、大きい光に昼をつかさどらせ、小さい光に夜をつかさどらせ、また星を造られた。
1:17　神はこれらを天のおおぞらに置いて地を照らさせ、
1:18　昼と夜とをつかさどらせ、光とやみとを分けさせられた。神は見て、良しとされた。
1:19　夕となり、また朝となった。第四日である。
1:20　神はまた言われた、「水は生き物の群れで満ち、鳥は地の上、天のおおぞらを飛べ」
1:21　神は海の大いなる獣と、水に群がるすべての動く生き物とを、種類にしたがって

創造し、また翼のあるすべての鳥を、種類にしたがって創造された。神は見て、良しとされた。
1：22　神はこれらを祝福して言われた、「生めよ、ふえよ、海の水に満ちよ、また鳥は地にふえよ」
1：23　夕となり、また朝となった。第五日である。
1：24　神はまた言われた、「地は生き物を種類にしたがっていだせ。家畜と、這うものと、地の獣とを種類にしたがっていだせ」そのようになった。
1：25　神は地の獣を種類にしたがい、家畜を種類にしたがい、また地に這うすべての物を種類にしたがって造られた。神は見て、良しとされた。
1：26　神はまた言われた、「われわれのかたちに、われわれにかたどって人を造り、これに海の魚と、空の鳥と、家畜と、地のすべての獣と、地のすべての這うものとを治めさせよう」
1：27　神は自分のかたちに人を創造された。すなわち、神のかたちに創造し、男と女とに創造された。
1：28　神は彼らを祝福して言われた、「生めよ、ふえよ、地に満ちよ、地を従わせよ。

また海の魚と、空の鳥と、地に動くすべての生き物とを治めよ」
1：29　神はまた言われた、「わたしは全地のおもてにある種をもつすべての草と、種のある実を結ぶすべての木とをあなたがたに与える。これはあなたがたの食物となるであろう。
1：30　また地のすべての獣、空のすべての鳥、地を這うすべてのもの、すなわち命あるものには、食物としてすべての青草を与える」そのようになった。
1：31　神が造ったすべての物を見られたところ、それは、はなはだ良かった。夕となり、また朝となった。第六日である。
《第2章》
2：1　こうして天と地と、その万象とが完成した。
2：2　神は第七日にその作業を終えられた。すなわち、そのすべての作業を終って第七日に休まれた。
2：3　神はその第七日を祝福して、これを聖別された。神がこの日に、そのすべての創造のわざを終って休まれたからである。
2：4これが天地創造の由来である。

『神は「光あれ」と云った・(聖書・創世記)次に海を作り、草木を作り、海の生き物を作り、地上の動物を作り、そして最後に人をつくった。』と聖書にあります。

事実に沿って書いたとしか説明ができないほど、正確に史実が書かれているといえます。まず、宇宙はビッグバンと呼ばれる爆発で始まりました。それは神が言った「光あれ」という言葉と一致しています。

そして、地球ができ、海ができ、海でプランクトンが生まれ、それが苔となり、草木となりました。大気は動物が生きるのに必要な酸素で満たされ、動物が生まれ、人間が生まれました。聖書の記述と事実が一致しています。

聖書(創世記)ができた4000年前は、科学が発展しておらず、酸素や、ましてやプランクトンも確認できない時代でした。どのようにして、ここまで正確に地球の歴史がわかったかは不明です。しかし、これだけでも聖書は他の神話とは全く違うレベルで驚異的に正確であることがわかります。聖書が日本古来の神話やギリシャ神話のような『神話』ではなく、歴史書だと言われる背景には、このような事実があるのです。

キリスト教では、イエス・キリストは十字架にかかり、人類の罪を背負うために生まれてきたとされています。

しかし、本書ではイエス・キリストは完成された精神文明を伝えるために活動した人物だと捉えています。私たちはイエス・キリストが罪を背負ってくれたからと安心するのではなく、その精神を見習い、生きていくべきだと思います。その精神こそが愛他精神、さらに愛敵精神であると私は考えています。愛敵精神については第5章に詳しく述べています。

人類が誕生した本当の理由

宇宙を創造したエネルギーに意志がなく、目的もなく、自然発生的に人類が誕生する確率は科学的に算出すると、10の4万乗分の1の確率です。この確率は、廃材置き場の上を竜巻が通過した後で、ボーイング７４７ジェット機が出来上がっているのと同じ確率です。

つまり、自然発生的に人類が生まれることはあり得ないことなのです。宇宙を創造したエネルギーには意志があり、目的を持ってこの世界を創造したといえます。

「意志があり目的をもって宇宙を創造したエネルギー」のことを、本書では「大いなる意志」と定義します。そして、この大いなる意志は、聖書での「神」と同じ意味だと本書では定義します。


では、なぜ大いなる意志は人類を創ったのでしょうか？

人類創造の目的は何なのでしょうか？


この章では、科学的な事実と聖書を照らし合わせて、人類創造の目的について考察を深め、史実を解明していきます。

科学的には、地球は約45億年前に誕生し、その後様々な生命体が誕生していき、現代人ホモ・サピエンスは約20万年前~10万年前に誕生したと解明されています。現代人ホモ・サピエンスが最後に誕生した生命体であり、ホモ・サピエンスの後には新しい生命体は誕

生していません。（人工的に遺伝子配合したもの等は含みません）

聖書によると、「神はご自身に似せて人間を創造された」とあります。

神は人をご自身のかたちとして創造された。神のかたちとして彼を創造し、男と女とに彼らを創造された。（創世記第1章27節）

また、人間が心の健康を保つためには、適度な刺激を受け、刺激に反応して外界と関わる必要があります。それは、１９５０〜６０年代に多く行われた感覚遮断実験で実証されています。その実験を簡単に説明しますと、五感を制限するように適度な空調と色味のない空間で、トイレと食事以外は、ただじっとしているという実験です。この実験から、五感に刺激がない状態で過ごすと、２、３日で精神に異常をきたすことが明らかになったのです。（ウッドバーンヘロンの感覚遮断実験）

この実験から、人間は無刺激な状態が続くと精神的に辛いことがわかります。そして、大いなる意志は人間と似ている。この2点を考え合わせると、大いなる意志も宇宙を創造する以前は「無刺激の状態」が退屈すぎて、とても辛かったと考えられます。

そのため、大いなる意志は人間が刺激を十分に感じ探求できるように、宇宙をつくり、世界を広く創ったのだと考えられます。

以上の事柄から、宇宙創造の目的は、最後に創造した現代人ホモ・サピエンスにあったのではないかと考えます。

また、聖書には次のように書かれています。

聖　書：創世記第1章26～28節

26　神は仰せられた。「さあ、人をわれわれのかたちとして、われわれの似姿に造ろう。こうして彼らが、海の魚、空の鳥、家畜、地のすべてのもの、地の上を這うすべてのものを支配（主管）するようにしよう。」

27　神は人をご自身のかたちとして創造された。神のかたちとして人を創造し、男と女に彼らを創造された。

28　神は彼らを祝福された。神は彼らに仰せられた。「生めよ。増えよ。地に満ちよ。地を従えよ。海の魚、空の鳥、地の上を這うすべての生き物を支配せよよ。」

以上を考え合わせますと、大いなる意志は自身の思い通りに操縦できるロボットのような存在として人間を創造したのではなく、大いなる意志自身と同じように人間にも「自由意志」と「想像し、創造する力（イメージを実現する能力）」を与えたということです。

そして、人間が退屈しないように、広大な空間で自由に探究できるように、面白いアトラクション満載の宇宙を先に創っておきました。その最後にホモ・サピエンスである人間を創造したのです。

27　神は人をご自身のかたちとして創造された。神のかたちとして人を創造し、男と女に彼らを創造された。

この節から考えるに、あえて「魂と肉体」「男と女」という分離（二元性）を作り、そこで様々な体験を経て、「愛」を実感できる仕組みを創造されたのです。

その中で、大いなる意志は私たちの「愛し合う姿」を見たかったのではないでしょうか？

宇宙創造の目的を一言で述べるとしたら、「愛し合う人間を観て、大いなる意志自身が愛を体験したかった」のだと考えます。

そのために、大いなる意志は私たちに「自由意志」を与え、その意志力で自ら世界を創造できる力を与えたのだと推察します。

「人類は猿から進化した説」は古い

生命の誕生から、私たち「ホモ・サピエンス」が誕生するまでには、様々な進化の過程がありました。

昔、私たちが教科書で習ったような「人間は猿から進化した」という非科学的な説は、もう古い説となっております。

進化論は、突然変異が前提となっております。突然変異とは、劇的な環境の変化に合わせて、生物が自らのＤＮＡを変化させることによって、進化したという考えです。

進化論は既に非科学的な説だとされています。現在は、科学的にＩＤ理論（インテリジェント・デザイン理論「知性ある何か」によって生命や宇宙の精妙なシステムが設計された）が主流となっています。

自然が自発的に、ＤＮＡのような高度な情報を生み出した前例は存在しないのです。誰かが手を加えないとＤＮＡが勝手に進化することはない（違う種類に変異することはない）ことが科学的に解っているため、進化論は否定されました。

人類は私たちホモ・サピエンスを含め、20種類ほど存在し、数種類は同時期に生きていたことがわかったのです。

現存している人に近い哺乳類である、ゴリラはボスゴリラを中心とする一雄多雌型であり、チンパンジーは多雄多雌型です。

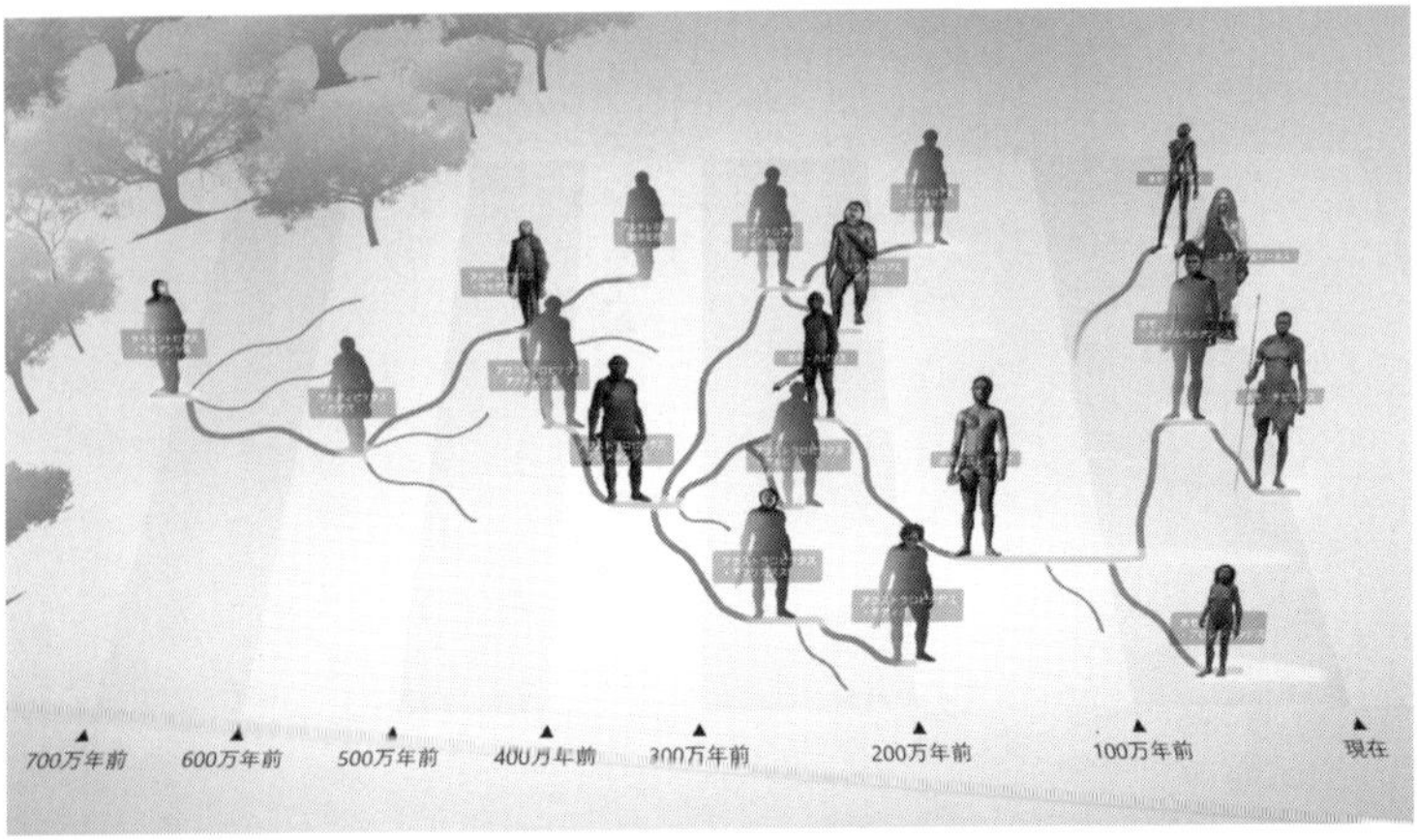

出典　NHK　人類誕生　https://www.nhk.or.jp/special/jinrui/

まずもって、ゴリラやチンパンジーのような霊長類が進化したのが私たち人類ではありません。最初の人類アルディピテクス・ラミダスという種類の人類が出現し、そこから様々な種が登場しました。そのアルディピテクス・ラミダスから、人類は一夫一婦制であったことがわかっています。

現代人はホモ・サピエンスとネアンデルタール人の交雑種

その中に、およそ40年前から４万年前までに生きていた「ネアンデルタール人」がいました。これまでは私たちの先祖は、「クロマニョン人」や「原人」だけだと言われていました。ご存知の方もおられると思いますが、最新の研究では、私たちのＤＮＡには、ネアンデルタール人のＤＮＡもあることが解明されました。私たちは、ホモ・サピエンスとネアンデルタール人の交雑種だったのです。

現代人である私たちの中には、平均で２～３％ほどネアンデルタール人のＤＮＡが含まれています。このような事実は、ＮＨＫでも取り上げられたくらいですから、徐々に一般的に知られるようになってくると思われます。

ネアンデルタール人と私たちホモ・サピエンスがそれぞれどのような特徴を持って生きてきたかを簡単に次のページで表に示します。

	ネアンデルタール人	ホモ・サピエンス（現代人）
頭脳（脳容量：男性平均）	1600cc	1450cc
骨格	身長 166㎝ 体重 78㎏ 骨が太く頑丈	身長 160㎝ 体重 50㎏ 手足が長く華奢
狩りのスタイル	基本的に槍などの原始的な道具を使い、チームでの狩りが主。肉食	高度な道具を使い、より大勢のチームでの狩りもしていて雑食
生活スタイル	20人程度の家族単位で生活。他グループとの交流はなかったとされている。	150～2000人程度の集落で生活。他集落とも交流があったとされている。

参考文献：NHK スペシャル 人類誕生 単行本 – 2018/8/7
NHK スペシャル「人類誕生」制作班 (編集), 馬場 悠男 (監修)

ＮＨＫスペシャル人類誕生３回シリーズで放送された番組では、このように語られています。

ネアンデルタール人は、私たちホモ・サピエンスに最も近い人類の仲間です。およそ40万年前頃に、ユーラシア大陸で独自の進化を遂げました。最大の特徴は、大きな脳容量と強じんな体です。レスラーのように筋骨隆々で、マンモスやバイソンなど大型動物を狩る屈強なハンターでした。さらに、近年、新発見が相次ぎ、言語を操り、高度な文化を持っていた可能性が高いことも明らかになりまし

参考リンク：https://www.nhk.or.jp/special/jinrui/

た。

しかし、体力と知性を兼ね備えながら、およそ4万年～3万年前に絶滅したのです。

ネアンデルタール人に比べると、私たちホモ・サピエンスは華奢（きゃしゃ）で、力もひ弱でした。にもかかわらず、ホモ・サピエンスが生き残ることができた秘密は、実はその弱さにこそあったと考えられています。弱いからこそ、仲間同士で力を合わせる「協力」を高めたのです。

そうして、人口を増やしていったことで、共同体で知恵を共有し、ホモ・サピエンスは、さらに「想像力」を使って発展していきました。

このホモ・サピエンスとネアンデルタール人の交雑と聖書の失楽園の物語を、科学的に解明されている史実と組み合わせて読み解いていきます。

ネアンデルタール人との禁断の交雑に隠された「失楽園の裏物語」

西洋の3大宗教、ユダヤ教、イスラム教、キリスト教の聖典、旧約聖書の「失楽園の物語」は人間の始祖アダムとイヴが善悪を知る木の実を取って食べたことが諸悪の根源（原罪）となっているのは、ご存知の方も多いと思います。

多くの方はこの物語をおとぎ話のように感じておられると思うのですが、実はこの話の比喩を読み解いていき、考古学的に解明していくと、一つの結論が導きだされます。

「失楽園の物語」の簡略なあらすじは、大いなる意志がエデンの園に人間の始祖アダムと女（イヴ）を住まわせたところから始まります。

女（イヴ）は、ヘビ（後に堕天使ルシファー）に誘惑され、大いなる意思との約束を破り「善悪を知る木の実」を取って食べました。女（イヴ）はそれを夫（アダム）にも与えました。最後は、大いなる意志が、約束を破った彼らをエデンの園から追放されたという物語です。

実際の聖書を読み解いていきます。

聖　書：創世記2章15節〜17節

主なる神は人を連れて行ってエデンの園に置き、これを耕させ、これを守らせられた。主なる神はその人に命じて言われた、「あなたは園のどの木からでも心のままに取って食べてよろしい。しかし善悪を知る木からは取って食べてはならない。それを取って食べると、きっと死ぬであろう」

聖　書：創世記2章18節〜20節

また主なる神は言われた、「人がひとりでいるのは良くない。彼のために、ふさわしい助け手を造ろう」。そして主なる神は野のすべての獣と、空のすべての鳥とを土で造り、人のところへ連れてきて、彼がそれにどんな名をつけるかを見られた。人がすべて生き物に与える名は、その名となるのであった。それで人は、すべての家畜と、空の鳥と、野のすべての獣とに名をつけたが、人にはふさわしい助け手が見つからなかった。

聖　書：創世記2章22節〜23節

主なる神は人から取ったあばら骨でひとりの女を造り、人のところへ連れてこられた。そのとき、人は言った。「これこそ、ついにわたしの骨の骨、わたしの肉の肉。男から取ったものだから、これを女と名づけよう」

聖　書：創世記第3章1節〜24節

3：1　さて主なる神が造られた野の生き物のうちで、へびが最も狡猾であった。へびは
女に言った、「園にあるどの木からも取って食べるなと、ほんとうに神が言われたのですか」
3：2　女はへびに言った、「わたしたちは園の木の実を食べることは許されていますが、
3：3　ただ園の中央にある木の実については、これを取って食べるな、これに触れるな、
死んではいけないからと、神は言われました」
3：4　へびは女に言った、「あなたがたは決して死ぬことはないでしょう。
3：5　それを食べると、あなたがたの目が開け、神のように善悪を知る者となることを、
神は知っておられるのです」
3：6　女がその木を見ると、それは食べるに良く、目には美しく、賢くなるには好まし
いと思われたから、その実を取って食べ、また共にいた夫にも与えたので、彼も食べた。
3：7　すると、ふたりの目が開け、自分たちの裸であることがわかったので、いちじく
の葉をつづり合わせて、腰に巻いた。
3：8　彼らは、日の涼しい風の吹くころ、園の中に主なる神の歩まれる音を聞いた。そ
こで、人とその妻とは主なる神の顔を避けて、園の木の間に身を隠した。
3：9　主なる神は人に呼びかけて言われた、「あなたはどこにいるのか」

３：10　彼は答えた、「園の中であなたの歩まれる音を聞き、わたしは裸だったので、恐れて身を隠したのです」
３：11　神は言われた、「あなたが裸であるのを、だれが知らせたのか。食べるなと、命じておいた木から、あなたは取って食べたのか」
３：12　人は答えた、「わたしと一緒にしてくださったあの女が、木から取ってくれたので、わたしは食べたのです」
３：13　そこで主なる神は女に言われた、「あなたは、なんということをしたのです」。女は答えた、「へびがわたしをだましたのです。それでわたしは食べました」
３：14　主なる神はへびに言われた、「おまえは、この事を、したので、すべての家畜、野のすべての獣のうち、最ものろわれる。おまえは腹で、這いあるき、一生、ちりを食べるであろう。
３：15　わたしは恨みをおく、おまえと女とのあいだに、おまえのすえと女のすえとの間に。彼はおまえのかしらを砕き、おまえは彼のかかとを砕くであろう」
３：16　つぎに女に言われた、「わたしはあなたの産みの苦しみを大いに増す。あなたは苦しんで子を産む。それでもなお、あなたは夫を慕い、彼はあなたを治めるであろう」

3：17　更に人に言われた、「あなたが妻の言葉を聞いて、食べるなと、わたしが命じた
木から取って食べたので、地はあなたのためにのろわれ、あなたは一生、苦しんで地から
食物を取る。
3：18　地はあなたのために、いばらとあざみとを生じ、あなたは野の草を食べるであろう。
3：19　あなたは顔に汗してパンを食べ、ついに土に帰る、あなたは土から取られたのだ
から。あなたは、ちりだから、ちりに帰る」
3：20　さて、人はその妻の名をエバと名づけた。彼女がすべて生きた者の母だからであ
る。
3：21　主なる神は人とその妻とのために皮の着物を造って、彼らに着せられた。
3：22　主なる神は言われた、「見よ、人はわれわれのひとりのようになり、善悪を知る
ものとなった。彼は手を伸べ、命の木からも取って食べ、永久に生きるかも知れない」
3：23　そこで主なる神は彼をエデンの園から追い出して、人が造られたその土を耕させ
られた。

聖書では、人間の始祖アダムとイヴが善悪を知る木の実を取って食べ、堕落し、それが

罪の根となったということが記載されています。しかし、それは比喩的な表現で、それが具体的に何を意味しているかは、はっきりとわからないままです。

聖書には、天使（大天使長・堕天使・ルシファー・蛇）について数多く記載されています。キリスト教の伝統においては、ルシファーは堕天使の長であり、サタン、悪魔と同一視されています。また、神学で定式化された観念においては、悪魔はサタンともルシファーとも呼ばれる単一の人格でした。

聖書のイザヤ書 第６章を読むと、天使は翼が生えた獣に近いような形で描かれています。熾天使（セラフィム）と呼ばれる階級の天使は、全員６枚の翼をもっているとされ、ルシファーもその中の一人でした。西洋美術でも、天使は翼をもっている姿として、描かれていることが多く見受けられます。

「天使＝獣に近い人類＝類人猿」と解釈して考えていくと、聖書で描かれている天使とは、「類人猿」のことだと推察できます。

聖書での「天使」の記述は、「類人猿」を指しており、その類人猿とは人間（現代人）を含まない人類であるということです。

失楽園では、現代人（ホモ・サピエンス）を人と記述されているのに対し、天使（類人猿）は生き物として記されています。さらには、新約聖書では現代人（ホモ・サピエンス）は神の子とされているのに対し、天使は神の僕《しもべ》と記載されています。

本書では、失楽園の物語は、私たち人類とネアンデルタール人の交雑を意味していると考えています。ここから、その根拠について書いていきます。

「性欲」に罪悪感を覚えてしまう人類の秘密

聖書の創世記2章25節に、「罪を犯す前、アダムとイヴは裸でいても恥ずかしいと思わなかった。しかし、彼らが堕落した後には、裸でいることを恥ずかしく思い、無花果《いちじく》の葉をもって下部を覆ったのである。（創世記3章7節）」とあります。

人間は恥ずかしいところを隠すのが本性です。堕落した後、手や口を隠したのではなく、下部を隠したのです。それは下部を恥ずかしく思ったことを表しています。

イヴを誘惑して、罪を犯させたのは蛇であったと聖書に記載されています。（創世記3章4節5節）、ペテロ2章4節には、「神は罪を犯したみ使いたちを赦し給わず、地獄に投げ入れられた」と記載されています。

ユダ書6節~7節に「主は、自分たちの地位を守ろうとはせず、そのおるべき所を捨て去ったみ使いたちを、大いなる日のさばきのために、永久にしばりつけたまま、暗闇の中に閉じ込めておかれた。ソドム、ゴモラ（聖書の中で神に滅ぼされた街。現在チグリス・ユーフラテス流域の街である説が有力）も、まわりの町々も、同様であって、同じように淫行にふけり、不自然な肉欲に走ったので、永遠の火の刑罰を受け、人々の見せしめにされている」と記録されています。

聖書から「性欲」について読み解くと、人類の始祖が性的な何かで堕落し、それが原罪と呼ばれるようになったと考えられます。

一般的に三大欲求と言われているのは、「食欲」「睡眠欲」「性欲」です。その中で「食欲」

「睡眠欲」については、人前で行われます。

「お腹が減った」「眠い」という言葉は人前でも言えるのに、どうして「セックスがしたい」という言葉は、なかなか人前で言いにくいのでしょうか？性欲の話題になると、何か罪深いことをしているように感じてしまう性質が、私たちの中にあるのではないでしょうか？三大欲求の中で、なぜか唯一「後ろめたい」と感じてしまうのが性欲です。

「性欲」については、世界中の人々が何故か持っていることを隠そうとし、夫婦間の性交でさえ、一般的には隠れた場所で行われていることからも、人類共通の罪悪感であることがわかります。

聖書の失楽園（アダムとイヴがエデンの園を追放される話）の物語は、エデンの園で起きたとされていて、その場所は中東であることが解明されています。同時期のネアンデルタール人の遺跡とホモ・サピエンスの遺跡が中東でそう遠く離れていないところから発見されているため、ネアンデルタール人とホモ・サピエンスは中東で出会ったとされています。このことからも、聖書に書かれている物語は、我々人類とネアンデルタール人との交雑を意味していると考えます。

「禁断の果実」だとわかっていたのに、性欲に負けて大いなる意志との約束を破ってしまった性欲に弱い性質が、人間にはあるということです。

第3章

人類の「嫉妬」は
ここから始まった

ネアンデルタール人に芽生えた「ある感情」

失楽園の最初の堕落を引き起こす動機に「嫉妬」という感情があったのではないかと推察します。新約聖書に次のような記載があります。

聖　書：マタイによる福音書　20章1〜16節

20：1　天の国は次のようにたとえられる。ある家の主人が、ぶどう園で働く労働者を雇うために、夜明けに出かけて行った。
20：2　主人は、一日につき一デナリオンの約束で、労働者をぶどう園に送った。
20：3　また、9時ごろ行ってみると、何もしないで広場に立っている人々がいたので、
20：4　「あなたたちもぶどう園に行きなさい。ふさわしい賃金を払ってやろう」と言った。
20：5　それで、その人たちは出かけて行った。主人は、12時ごろと3時ごろにまた出て

行き、同じようにした。
20：6　5時ごろにも行ってみると、ほかの人々が立っていたので、「なぜ、何もしないで一日中ここに立っているのか」と尋ねると、
20：7　彼らは、「だれも雇ってくれないのです」と言った。主人は彼らに、「あなたたちもぶどう園に行きなさい」と言った。
20：8　夕方になって、ぶどう園の主人は監督に、「労働者たちを呼んで、最後に来た者から始めて、最初に来た者まで順に賃金を払ってやりなさい」と言った。
20：9　そこで、5時ごろに雇われた人たちが来て、一デナリオンずつ受け取った。
20：10　最初に雇われた人たちが来て、もっと多くもらえるだろうと思っていた。しかし、彼らも一デナリオンずつであった。
20：11　それで、受け取ると、主人に不平を言った。
20：12　「最後に来たこの連中は、一時間しか働きませんでした。まる一日、暑い中を辛抱して働いたわたしたちと、この連中とを同じ扱いにするとは。」
20：13　主人はその一人に答えた。「友よ、あなたに不当なことはしていない。あなたはわたしと一デナリオンの約束をしたではないか。
20：14　自分の分を受け取って帰りなさい。わたしはこの最後の者にも、あなたと同じよ

うに支払ってやりたいのだ。
20：15　自分のものを自分のしたいようにしては、いけないか。それとも、わたしの気前のよさをねたむのか。」
20：16　このように、後にいる者が先になり、先にいる者が後になる。

ネアンデルタール人はホモ・サピエンスが誕生する何万年も前から地球で繁栄していました。ホモ・サピエンスが誕生するまでは、ネアンデルタール人が万物の霊長の立場だったのです。

大いなる意志に愛されていると感じていたネアンデルタール人ですが、彼らは賢さゆえに、自分たちよりも愛され、栄えている存在が誕生したことに気がついてしまったのだと推察します。その存在がホモ・サピエンスです。

「自分たちが一番上である」「自分たちが世界を制している」と思っていたネアンデルタール人は、「自分たちが一番上ではない」「大いなる意志に愛されていない」と徐々に感じ始め、「大いなる意志からの愛情が減少した感覚」を覚えるようになりました。

そして、ネアンデルタール人の中で、ホモ・サピエンスに対して「嫉妬」という感情が芽生えたのです。

ドラマティックだった「危険な恋」

考古学の度重なる発掘調査では、ネアンデルタール人は主にヨーロッパ大陸を中心に生活をしていたとわかっています。聖書での記載と照らし合わせると、大いなる意志はまず、神の僕《しもべ》であるネアンデルタール人を寒冷地であるヨーロッパに生息させ、地球で生きる知恵や技術を探究させ、それを子どもである人間（ホモ・サピエンス）に教えさせる計画だったと推察します。

そして、年代には幅がありますが、約10万年～5万年前に、暖かいアフリカの地に誕生させたホモ・サピエンスが北へと旅立ち、現在の中東（聖書で記載されているエデンの園があった場所）でネアンデルタール人と出会いました。考古学的にも、同時期に同じ地域で彼らが生活していたことが解明されています。

それと同時に、前述しました聖書：創世記 第3章1節～24節にありますように、彼らは神のルールを破ってしまいます。ネアンデルタール人は「神の僕《しもべ》」としての役割から逸脱して、「神の子」であるホモ・サピエンスと交雑するにいたったのです。

現代を生きる私たちからすれば、この交雑は黒人と白人が結婚するというような「国際結婚」程度の距離感に捉えられてしまうかもしれません。しかし、生物学的に考えると、この交雑はそのような肌の色が違う人同士の結婚とは違うものです。同じヒト科であっても、ホモ・サピエンスとネアンデルタール人は別の生物なのです。例えるなら、同じネコ科のライオンとトラが交雑するようなものです。自然界では通常起こらない行為をしてしまったのです。

彼らが初めて出会った時は、どんな出会いだったのでしょう？お互いに見たこともない生物だったのですから、さぞかし刺激的でドラマティックだったと思います。

サルでもなく、オラウータンでもなく、自分たちと似ているけど異なる人種、私たちが想像する宇宙人のような感覚だったのかもしれません。

果たして大いなる意志の計画通りに、ホモ・サピエンスとネアンデルタール人は「大いなる意志の子ども」「大いなる意志の天使」になったのでしょうか。

この交雑がどのように行われたのかはわかりません。もしかすると、純粋にネアンデルタール人とホモ・サピエンスが恋愛したのかもしれません。しかし、私たちよりも賢い頭脳を持っていたネアンデルタール人は、それは「不自然なこと」つまりは、「やってはいけないこと」と理解していたことは容易に想像できます。

生物の垣根を超えた２人は純粋に愛し合っていたのかもしれません。もしかすると、賢く強いネアンデルタール人男性から見ると、華奢で小さく、純真なホモ・サピエンス女性はどうしようもなく可愛かったのかもしれません。ネアンデルタール人男性は、彼女らがホモ・サピエンスの男性（アダム）の相対であることに嫉妬したのかもしれません。

真相はわかりませんが、科学的なデータが示しているように、私たちホモ・サピエンスの先祖は、どこかで他の生物であるネアンデルタール人と交わったのです。

１組のネアンデルタール人とホモ・サピエンスが違う生物と交わるという「禁断の果実」を食したのです。南アフリカの一部の地域を除いたほとんどの人類にネアンデルタール人のＤＮＡが含まれている事実からも分かる通り、最初に誰かがそのルールを破り、次々と交雑が行われたことがわかります。

しかし、聖書の記載から推察すると、宇宙の大いなる意志としては、それは望ましいことではなかったということです。聖書の中では「イヴが蛇（サタン＝堕天使ルシファー）に誘惑されて禁断の果実を食した話」として描かれています。

もちろん、それを断りきれなかったホモ・サピエンスにも責任があるといえます。それを聖書では「原罪」として描かれているのです。

結論（本書の核心）

聖書に出てくる堕天使ルシファーは、ネアンデルタール人を指しているということです。そして「禁断の果実」とは、ホモ・サピエンスとネアンデルタール人の性行為を指していると考えます。聖書の中のイヴとアダムをどう読み解くかについては、諸説あると思います。例えば、イヴとアダムは一人ずつではなく、堕落当初、複数で堕落し、その象徴であるとも考えることができます。

現代人がネアンデルタール人から受け継いでしまった原罪

私たちの身近な先祖をさかのぼれば、科学的に間違いなくネアンデルタール人にたどりつきます。私たちが生きる上で、そのネアンデルタール人の精神性とホモ・サピエンスとの関係について知識として知っておく必要があると思います。

ネアンデルタール人との交雑は、私たちにどのような影響を与えているのでしょうか？前章でもお伝えした通り、ネアンデルタール人のＤＮＡは、まだ私たちの中に残っています。これは科学的なデータとして、最先端の遺伝子研究所が発表している事実です。是非一度インターネットなどで調べてみてください。およそ２％（前後２〜３％）の割合で私たちの中にネアンデルタール人が生きているのです。

ネアンデルタール人とホモ・サピエンスが交雑した時代は、交雑種が数多く存在し、交雑種同士がまた交雑を繰り返していきましたので、ＤＮＡにおける交雑率は現在よりも高く、50％程度あったのではないかと推測します。

現在は、ＤＮＡ交雑率が約２～３％です。何らかの理由によってネアンデルタール人のＤＮＡが淘汰されていったので、ホモ・サピエンスの純血種に戻りつつあるといえます。

今だにはっきりした原因はわかっていませんが、その後、ネアンデルタール人はおよそ４万年～３万年前に突如絶滅してしまいました。

「ネアンデルタール人は何を思い絶滅していったのか」を考える上で参考となる壁画が残っています。

ヨーロッパ大陸の端に、海の向こう側にアフリカ大陸を臨むジブラルタル海峡があります。そこの洞窟に、生き残ったネアンデルタール人が最期の時を過ごしたと考えられる遺跡があります。その最後の１人が残した壁画はこのようなものでした。

この壁画は何を意味しているのでしょうか？それ以前の壁画は、動物等芸術的な絵を描いたものが見つかっていますが、ネアンデルタール人の最後の壁画とされる絵はこのように×印が残っています。

出典　https://natgeo.nikkeibp.co.jp/nng/article/news/14/9672/

ネアンデルタール人は、一体どんな思いで最期を迎えたのでしょうか？

仏教では、輪廻転生という考え方があります。死んだら、その精神（魂）だけが残り、また新しい別の肉体の精神（魂）として生まれ変わるという考え方です。

精神（魂）は、肉体を持っている時と、肉体を持っていない時があるという考えです。また、精神（魂）が、肉体を持っている精神（魂）に影響を及ぼす「憑依」という考え方があります。「守護霊」と呼ばれる霊が肉体を持っている人間を共助するという考え方もあります。

ネアンデルタール人の絶滅について、こ

の考えに基づいて解釈すると、彼らの最後の無念な想いは精神世界に残ったと考えられます。ネアンデルタール人たちの最初の交雑が行われた前後の精神は、嫉妬心、大いなる意志に対する反抗心などであり、その心がネガティヴな魂として残ったということです。現在も、ネアンデルタール人の魂は、精神世界に存在していることでしょう。

先祖の霊が私たちの思考や行動に影響を与えているのと同じように、ネアンデルタール人の霊も私たちの思考と行動に影響を与えています。言い換えますと、私たちの祖先はホモ・サピエンスだけではなくネアンデルタール人も祖先なのです。

全人類は一度「死んだ」

最初に堕落した女性（イヴ）も、ネアンデルタール人と交雑した後になって、間違った相手と交雑したことの重大性を深く感じたのではないでしょうか？

大いなる意志の言いつけを守らなかった罪悪感、性に対する好奇心、後悔。そして、何か天罰を下されるような恐怖感を覚えたのではないかと推察します。

その上、ネアンデルタール人の子どもを妊娠したことが分かった時は、どれほどショックで恐ろしい想いをしたのかしれません。

大いなる意志が望まない交雑とその出産を、イヴはどのように受け止めたのでしょうか？その最初の交雑を経験したイヴの感情や感覚も、イヴの魂（精神・心）に深く刻まれたことは確実だと言えます。

そのイヴの気持ちも魂として、精神世界に存在しているということです。堕落した当時のネアンデルタール人とイヴの双方の精神性が、現代人である我々にも残っています。

ホモ・サピエンスとネアンデルタール人の双方の魂（精神・心）に、堕落による深い爪痕は残りました。その後も、私たちホモ・サピエンスは交雑種同士で交雑を繰り返し、今も肉体のある状態で生き続けているのです。


聖書には以下のように記述されています。


神である【主】は人を取り、エデンの園に置き、そこを耕させ、またそこを守らせた。

神である【主】は人に命じて仰せられた。「あなたは、園のどの木からでも思いのまま食べてよい。しかし、善悪の知識の木からは取って食べてはならない。それを取って食べるとき、あなたは必ず死ぬ」（創世記2章15〜17節）

「すなわち、アダムにあってすべての人が死んでいるように、キリストによってすべての人が生かされるからです」（コリントへの手紙第1章15〜22節）

聖書では、アダムを「生命の木」、イブを「善悪の知識の木」と表現しています。そして、コリント人への手紙から考えますと、全ての人類は死んでしまっているということになります。これは、堕落によって、全ての人類が堕落した気質になってしまったことを「死んだ」と表現しているのだと思います。


「愛は寛容であり、愛は親切です。また人をねたみません。

愛は自慢せず、高慢になりません。

礼儀に反することをせず、自分の利益を求めず、怒らず、人のした悪を思わず、不正を喜ばずに真理を喜びます。

すべてを我慢し、すべてを信じ、すべてを期待し、すべてを耐え忍びます。」（コリントへの手紙第13章4〜7節）

大いなる意志は元々、人類全てを等しく愛されていました。それぞれ個性的で、愛他精神に富んだ精神性をもっていたのです。

堕落する前のホモ・サピエンスは、貢献感と愛他精神に満ち、他者のために誠心誠意、行動できる人類でした。か弱く能力も比較的貧弱だったホモ・サピエンスは、集団力、助け合う力で様々な文化文明を築いて、協力することによって繁栄して、生きてきたのです。また、ホモ・サピエンス同士だけでなく、動植物を愛し、助け合う優しい気持ちを持って、自然と共存していたと思われます。

輪廻転生を繰り返す「堕落因子」

堕落時とその結果に生じた気質と欲心を、本書では「堕落因子」と定義します。堕落因子とは、「他人との比較」「嫉妬心」「承認欲求」「愛情欲求」「独占欲」「支配欲」「反抗心」

「憤り」「破壊欲」「攻撃性」「残虐性」「罪悪感」「恐怖（不安・心配）」「絶望感」「恨み」「後悔」「被害妄想」「背信」「呪い」「責任転嫁」「猜疑心」「自己中心的な思考」そして「異常な性欲」です。堕落因子についての詳細と克服方法について、本書全体を通して詳しく書いていきます。

現代人は、肉体は純血種に戻っていきつつあります。精神（堕落因子）はどうなのでしょうか?私の考えでは、その精神（堕落因子）も輪廻転生を繰り返しながら、研鑽され復帰されてきていると思います。

大昔、人類の始祖が残した傷跡は、私たち現代人には、ほとんど関係ない話だと思われるかもしれません。ところが、現在の世界の問題のほとんどは、この時に犯した原罪による堕落因子に起因しているのです。なぜ、堕落因子がそれほど現代社会に影響していると言えるのかを説明していきます。

第4章

現代人を振り回す「堕落因子」の真実

犯罪は「堕落因子」から始まる

最初は、ネアンデルタール人（男性）がホモサピエンス（女性）を誘惑するところから始まります。ネアンデルタール人の動機としては、ホモ・サピエンスに対する嫉妬の感情です。

ネアンデルタール人は、大いなる意志によりホモ・サピエンスよりも先に地球上に生存し、当時の生物の頂点に位置した万物の霊長でした。ネアンデルタール人は、能力的にも体格的にも、ホモ・サピエンスよりも優れていました。

後の時代になり、アフリカから移動してきたホモ・サピエンスは、身体も小さく能力的にも劣っていました。

ところが、ネアンデルタール人が高い能力で観察していると、大いなる意志の愛情は、ネアンデルタール人よりも、ホモ・サピエンスに注がれており、万物の霊長としての位置はホモ・サピエンスの為に準備されていると気づいたのです。大いなる意志の愛をホモ・サピエンスが独り占めしていて、自分たちネアンデルタール人は、大いなる意志から愛されていないと、不公平、不条理を感じたネアンデルタール人は、大いなる意志を信じることができなくなったのだと推察します。大いなる意志を不信し卑屈になったネアンデルタール人は、ホモ・サピエンスに対しての嫉妬心を抑えられなくなったのです。

嫉妬したネアンデルタール人は、ホモ・サピエンスとの交雑を計画しました。ネアンデルタール人は、ホモ・サピエンスを独占し、牛耳り、支配したいという欲が生じ、ホモ・サピエンスとの交雑が、大いなる意志の摂理を止め、生態系を破壊することにつながることを分かっていながら、計画的に交雑に及んだと考えます。

ネアンデルタール人の内面には、嫉妬だけでなく、大いなる意志に対する反抗心、さらに世界を支配したいという野望も存在したと考えます。つまり、ネアンデルタール人の嫉妬心、反抗心、支配欲が堕落の動機だったのです。

最初の交雑を実行したネアンデルタール人は、聖書ではルシファーと表現されていますが、男性で年長者だったと推測します。そのネアンデルタール人が、若いホモ・サピエンスの女性に近づき、時間をかけて何度も誘惑し、とうとう交雑（性交）を実行したのです。

その交雑の後に、ホモ・サピエンスの女性は、自分の犯した罪を実感しましたが、大いなる意志に罪を告白し懺悔することなく、次の罪を犯してしまいました。この女性（聖書ではイヴ）はさらに、若いホモ・サピエンスの男性（聖書ではアダム）を誘惑し、再び性交に及びます。この2回目の堕落行為の後に、二人は恥ずかしくなり「無花果の葉で下部を隠した」と聖書では表現されています。

つまり、堕落行為は2回行われており、その2回目の行為にも堕落因子が生じたのです。

2回目の行為を誘導したイヴの動機は、自分の罪を隠蔽し、ごまかすことだったのかもしれません。1回目の交雑の罪を犯してしまった後悔、恐怖を隠してイヴを信頼しているアダムを騙して誘惑しました。まず、イヴが大いなる意志に報告する義務を果たしていれば、歴史はまだここまで堕落していなかったかもしれません。イヴは自分の堕落行為を隠して、アダムからの信頼を裏切り、誘惑に及んだのです。

禁断の罪を犯す、罪の隠蔽、背信行為、汚れの無い人を性的に誘惑するなど多くの堕落因子を生じさせました。

その後のイヴとアダムの行動を聖書から読み解きます。無花果の葉で下部を覆って隠れているところに、大いなる意志から「あなたがたはどうしたのですか？」と問われました。アダムは「この人が私を誘惑したのです。」とイヴに責任転嫁をします。イヴは「神様がくれたヘビ（ルシファー）が誘惑したのです」と責任転嫁しました。

ここでも、「責任転嫁」という堕落因子が生じます。

その後、イヴとアダムは、大いなる意志によって楽園（エデンの園）から追放されます。その時にも「お互いへの憎しみ」「後悔」「恐怖」「罪悪感」「被害妄想」など多くの堕落因子が生じました。

堕落因子とは何かをもう一度お伝えすると、堕落時とその結果に生じた性質と欲求です。「他人との比較」「嫉妬心」「承認欲求」「愛情欲求」「独占欲」「支配欲」「反抗心」「憤り」「破壊欲」「攻撃性」「残虐性」「罪悪感」「恐怖（不安・心配）」「絶望感」「恨み」「後悔」「被害妄想」「背信」「呪い」「責任転嫁」「猜疑心」「自己中心的な思考」そして、「異常な性欲」などどネガティヴな性質です。

現代人の歴史は、「嫉妬心」から生じた「承認欲」が「独占欲」「支配欲」になり、戦争を引き起こしてきたと考えます。「嫉妬心」は悪事の動機になるので、一番気を付けたい堕落因子です。

一番危険な「嫉妬心」

現代社会の中で、この最初の嫉妬心が生じるまでの心の動きを考察していきます。嫉妬するのは、その対象の相手よりも自分は大いなる意志から、あるいは、家族や会社などのコミュニティからの愛が少ないと感じているということです。自分よりも対象者をえこひいきしているように感じ卑屈になることです。会社などの組織では、その組織の長や代表からその対象者よりも、自分は認められてない評価が低いと感じることです。大いなるもの、全体を把握する長は、正当に自分を評価してくれないのではないか、という思いがあります。そう感じる前提としては大いなるもの、宇宙、組織の長など全体を把握しているはずのもの（人）に対する不信感があります。

また、大いなる意志と人間との区別がついておらず、人間関係を固定された上下関係であるかのように捉えている場合、人間を大いなる意志のように、神格化している場合もあります。人間はどんなに優れた人格者であっても、大いなる意志ではないので、全てを正しく判断できるわけではありません。人間ですので、当然相性もあり、えこひいきもあります。

自分で自分を認めて、しっかり自己肯定できていれば、このような他者からの愛情の欠乏感で嫉妬することはありません。もしも組織の長がえこひいきして、自分を正しく評価されてないと思うのなら、組織から離れることも選択肢としてあります。

自己承認できていなければ、些細なことで愛情の欠乏を感じ、嫉妬心を生じさせます。嫉妬心がそのまま罪を犯すわけではありませんが、嫉妬心が大きくなると、その対象の人を自分の思い通りにコントロールして独占したくなり、支配欲につながります。

「嫉妬心」が原罪の動機ですので、私たち人類は全て「嫉妬心」を持っています。嫉妬心（ジェラシー）を感じて、直ちにその感情を分別できる人は少ないと思います。

本書を最後までお読みいただくと、大いなる意志には、決してえこひいきも不公平も無いことをお分かりいただけると思います。不条理も不公平も大いなる意志には無いということが理解できれば、安心して人生を全うすることができるのではないでしょうか。

「堕落因子」は一体どこに隠されているのか？

私たちのＤＮＡは、ホモ・サピエンスとネアンデルタール人の両方の遺伝子を持っています。現代人の中に、ホモ・サピエンスの純血種は存在していません。そのため、肉体を形成している脳の構造に堕落因子が影響していますが、それよりも大きな影響があるのは、心（魂）への堕落因子の影響です。

第１章でも説明していますように、人間は、心的な部分と身体との２つから形成されています。原罪を生じた時、肉体と心の両方が存在していたので、肉体と心の両方ともに堕落因子が生じてしまいました。

その後、ネアンデルタール人の純血種は絶滅し、肉体はなくなりましたので、これから先にＤＮＡが拡大することはありません。

しかし、堕落時のホモ・サピエンスと交雑種の心（魂）に生じた堕落因子は残っており、まだ宇宙に存在していると考えます。

堕落因子を帯びた霊は、輪廻転生を繰り返しながら切磋琢磨し、少しずつ堕落因子を分別し排除しながら存在しています。私たちの魂も、その一つの魂であり、一人として堕落因子が全くない魂を持っている人はいないのです。

言い換えると、この世の中には生まれながらにして完全な善人など存在しないのです。そして、私たちが生まれてきた目的の一つは、その堕落因子を自覚し、良心や倫理観を育むことによって、分別していくことなのではないでしょうか。

堕落因子を分別せずに、堕落因子に満ちた人生を送ると、どのようになるのかについて考えていきます。

80％の人類が送る「堕落因子」に満ちた不幸せな人生

現代社会でも、堕落因子に満ちたままの人生を送っている人間は数多くいます。

いくつか例をあげます。嫉妬心（ジェラシー）は、どのように支配コントロールにつながるのでしょうか？

自分がどんなに努力しても得られないものを持っている人がいる場合、例えば、人気がある人や才能がある人がいて、その人気や才能が欲しいばかりに、自分に才能も人気も無いことをひがんで、卑屈になっていたとします。そして、その人のことが羨ましくなり、嫉妬心が高じて、どうしてもその人の人気と才能を自分のものにしたくなったとします。そうなると欲しいものを持っているその人をコントロールしてでも、その人を独占して、自分の思い通りにしたくなる、それが所有欲、支配欲につながるのです。「嫉妬心」から「独占欲」になり「所有欲」「支配欲」「コントロール」になります。

成功している人の足を引っ張る行為、「出る杭は打たれる」などは嫉妬心により、相手をコントロールして貶める行為です。

自分よりも優れた人を上手くコントロールして、自分の仲間に引き入れる行為も独占欲、所有欲、支配欲の現れだと思われます。

私たち人間は、堕落因子のため、すぐに嫉妬して他人をコントロールしようとします。他者を自分の思い通りにしようとする行為がマインドコントロールであり洗脳です。

人生を破滅へ導く３大堕落因子

現在社会では、多くの人々が特に悪い行為だとも思わずに、簡単に他人をコントロールしています。詐欺商法など法的な犯罪行為だけでなく、私たちは些細な欲を満たすために、他者をコントロールしようと試みます。「色恋営業」や特に好きでもない異性を自分のファンにしておきたい所有欲で、相手に勘違いをおこさせ自分に気を惹くようにコントロールする人も多くいます。

小さな嘘や他者に自分を誇大に見せるなどの行為も、根底に他者をコントロールして独占したいという欲求が隠れていると思われます。社会通念として、他人をコントロールして、自分の思い通りに動かす人を「頭が良い人」として称賛する傾向もあります。

次に、３大堕落因子の嫉妬心、支配欲、破壊性を全て網羅している事例を紹介します。このパターンは対象者に対して、嫉妬して、支配的になり、イジメ、虐待に発展します。

これは、完全に堕落因子にブレーキをかけられない状態です。この場合の堕落因子は、嫉妬心、支配欲、自暴自棄、破壊欲、暴力となります。堕落時に芽生えた支配欲は、今の社会の問題を引き起こしている根源的な性質です。

次のパターンは、この嫉妬心、支配欲、破壊欲に加えて、異常な性欲をプラスした最悪の場合です。

例えば、上司が部下にセクハラをする場合であったり、親が子どもに対して性的な虐待をする場合です。

父親・母親から性的に暴力を受けた方の心の傷ほど悲惨な傷を私は知りません。話が少しそれますが、現代社会ではまだまだ多くの子どもたちが親からこのような性的虐待を受けながら、声を上げることができていません。

この本を世に出す目的の一つに、親から性虐待を受けた被害者の方々の心のケアに役立てればという想いがあります。一人でも多くの子どもたちを被害から救い出したいと思います。そのためにも、この性虐待が生まれる心のメカニズムを明確に説明する必要があると考えています。

ここから堕落因子に満ちている人間が犯す罪のメカニズム、心理をお伝えしていきます。他人への犯罪心理も親による虐待と同じメカニズムになります。

その支配欲プラス異常な性欲は、大変強烈な欲望で、思考停止状態に陥ります。そして、対象としている相手が自分のビジネスパートナーであっても、部下であっても、子どもであることも意識できなくなります。相手に対する愛情も思いやりも全くない、己の欲望だけ満たす卑劣極まりない行為です。

完全に堕落因子に満ちており、心（魂）を悪魔に明け渡した状態だともいえます。堕落因子の中でも「異常な性欲」は、罪の根本です。必ず、異常な性欲を絶つと決めてください。

（注釈＊）精神病理学者の小田晋は異常性欲の対概念としての正常性欲を「成熟した男女が人間的出会いをし、相手の肉体・精神の両面を愛すること」と定義している。

第1章で説明しましたように、心（魂）は波動でありその波動は様々なレベルがあります。精神レベルの低い心（魂）の持ち主の堕落因子を全開にしておけば、このような悲劇が起こり続けるということです。

また、私たちは自分の人生が上手くいっていないと感じると、その責任を自分以外の人（個人や団体）のせいにしたくなります。自分の人生の不幸を他人や社会に責任転嫁しがちです。

もちろん、戦火の中に倒れる人びとや幼少期に親に虐待されて、殺される方々の人生は、社会や親の責任だといえます。しかし、一般的な人びとの人生の責任を社会や他人の責任だと捉えることは、精神（心）の成長にはつながりません。

人生において起きる出来事を自分の問題（課題）であると捉えることでのみ、精神は成長し、精神の段階を一つクリアすることができます。

自分の人生の課題を棚にあげて、全てを社会に責任転嫁する考え方には賛同できません。未来、社会のリーダーたち、政治家、思想家、宗教家、経済界の方々が一堂に会して世界会議をする時代が遠からずやってくると思います。

そのような平和な社会になったとしても、個人が幸せであるかどうかは個々の精神（心）と肉体（脳）との関係性にあります。どのようにして、「精神（心）を成長させて、愛を実現するかが人間の最重要課題なのです。

また、人類は大自然を自己中心的な欲心で悲惨な目に合わせ、地球環境を壊してきました。人類は唯物的な発展だけを目的に行動してきた年月が長くありました。地球上の生態系を破壊するほどの自然破壊や動物への虐待は、大自然に対する堕落因子の現れだと思われます。

このように対人類だけでなく目に見える全ての生物や自然に対して、堕落因子による行為に及んできました。昨今、わずかに自然破壊を軽減する動きがみられますが、自然破壊してきたスピードに比べると、あまりにも遅いと言わざるを得ません。しかしながら、人間の犯した自然破壊と生態系を壊すことへの罪の意識が芽生えたことは、人類は改善へと向っていることの現れだと思います。絶滅危惧種を定め、地球環境を回復しようとする動きは、人類にとって復帰の希望の光だと言えます。しかし、どの団体が真に地球と人類への愛で活動しているかを見定めるのは難しい面があるといえます。

いずれにしても、美しい地球が早期に回復することを願います。

原罪によってつくられた人類の二面性

原罪によって私たちは大きく分けると、二つの方向性を持っています。現代の一般常識的な人の日常に堕落因子は、どう影響しているかを考察します。

私たちが行動しようとしたら、2種類の考えが浮かんで葛藤することはよくあることだと思います。

例えば、会議で建設的な意見を発表しよう　↓　そんなことを会議で発表したら、かえって目立って嫌われるかもしれない。何か妬まれて被害に遭うかもしれない。黙っていたほうが賢明だ。

憧れのあの人に告白しよう　↓　告白したら断られるリスクがある。あの人に自分の恋心を知られてしまう。どうせ実らぬ恋なら、見ているだけで満足したほうがいい。

自分の夢（ビジョン）を友人に語ってみよう　→　夢（ビジョン）を友人に知られてしまって、もし夢（ビジョン）を叶えることができなかったら恥ずかしい。黙っていたほうがいい。

身体の不自由な人に出会ったから、声をかけてお手伝いを申し出よう　→　声をかけても、断られたら恥ずかしいし、気まずい思いをするかもしれない。知らん顔をしていた方が無難だ。

これらは「愛他的→自己中心的」のパターンですが、「自己中心的→愛他的」というパターンもあります。

一生懸命に頑張ってきたのに理解してもらえなかった。悲しくて腹が立つ。この悔しさを相手に思い知らせてやる。復讐する方法を考えよう　→　冷静に考えれば、良い経験だとも言える。貴重な経験をさせてくれた相手だと思うと感謝だ。

あいつは才能と容姿と優しい性格に恵まれていて、多くの女性に人気があり羨ましい。

きっと大した苦労も努力もしないで成功を手に入れたのだろう。自分はこんなに努力しているのにあいつに勝てない。悪口でも噂してその環境から引きずりおろしてやる　↓　嫉妬に狂って、悪口言うなんて、卑怯な真似はしたくない。あいつにはあいつにしか分からない苦労があるだろう。自分にも恵まれている部分がある。それぞれ個性的な人生だから比較はできない。自分の人生を一生懸命生きてみよう。

愛しているけど、彼女は結婚してしまったから、諦めたほうがいい。適当に見つけた女性と結婚すれば、彼女のことを忘れることができるだろう　↓　本当に彼女を忘れることができるのか?愛していない女性と結婚したら、その女性も自分も幸せにできない。結婚していても彼女に想いを伝えてみよう!

イジメを見かけた。イジメている奴を止めたら、自分もイジメられて居場所がなくなる。自分の安全のために知らん顔しよう　↓　イジメに合っている友達を助けよう!悪い奴らに立ち向かって助けよう!自分なら友達を助け出すことができる!

このように現代のマジョリティの方々は、日常的に二つの考えに引っ張られて悩み、葛藤することが大変多いのです。個人的な問題から国家レベルまで数え出すとキリがありません。

現代のマジョリティの方々のほとんどが、創造されたままの純粋な自分と堕落因子との葛藤に日常的に悩まされています。その悩んでいる状態に慣れてしまい、悩んでいることさえ気づかず思考が進みにくくなっています。

この日常的に起こる葛藤を起こらないように考えを一つにできれば、悩んでいる時間がなくなり、行動している時間だけになります。人生の時短にもなりますし、建設的な社会にもなります。

この二つの考えを注意深く検証していくと、「自己中心的な考え」と「愛他精神」に分けることができます。もっとシンプルに言うと「自分のためか」「他者のためか」ということです。

「常識」は人生の羅針盤ではない

では、「常識とは?」なんでしょうか?

常識とは、インターネットで検索すると「社会を構成している者が有していて当たり前のものとなっている」「大多数が知っているはずの知識、思慮分別、価値観、流行」「大多数が占めること」「昔からある伝統、慣習、マナー」などが出てきます。

「社会を構成している大多数が有している」となると数の問題になってきます。ざっくり考えますと常識とは、世界人口約77億人の中の平均的な考え方や価値観であると言えます。平均的な考え方が常識だと考えますと、どうでしょう?常識は、目指すべき方向性なのでしょうか?常識はお手本にするべきモラルなのでしょうか?

常識は単に平均的な考え方であって、人生の羅針盤にすべき考え方ではありません。

現代のマジョリティの方々のほとんどが、創造されたままの純粋な自分と堕落因子との葛藤に日常的に悩まされていて、判断に時間がかかってしまう話をしましたが、まさにマ

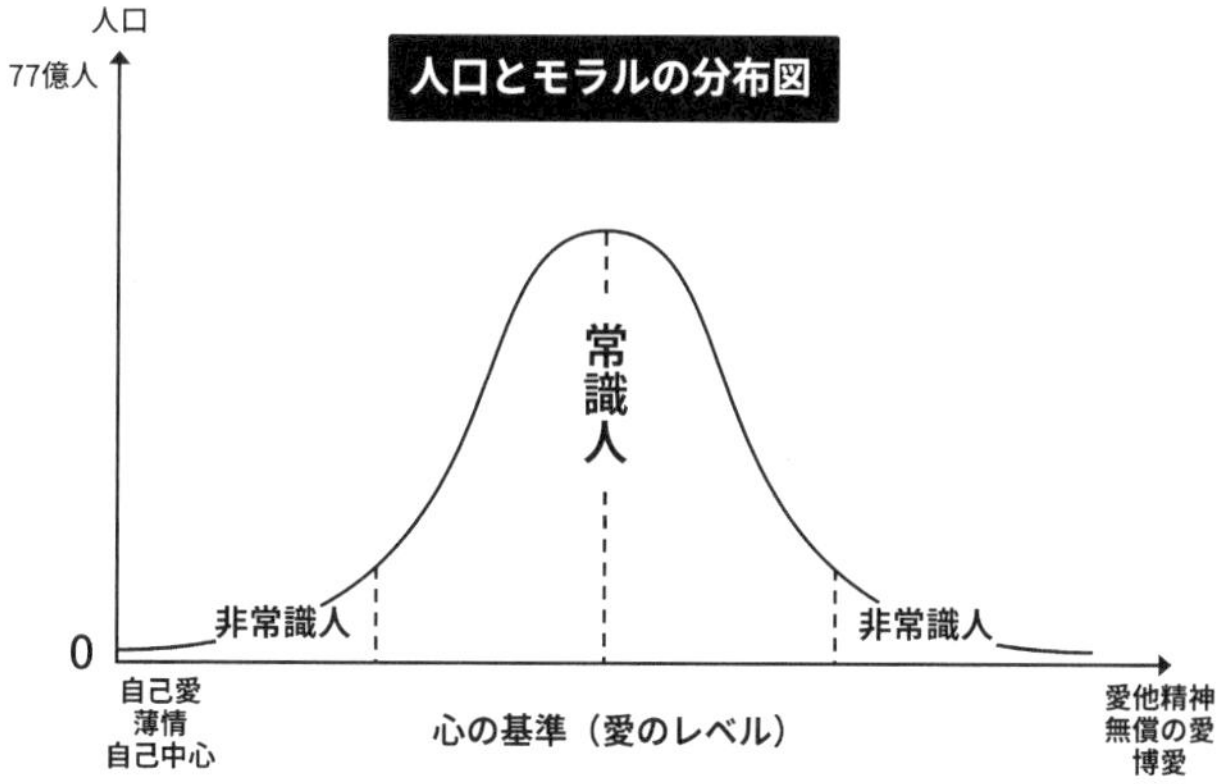

ジョリティの方々は、この常識に囚われているために思考が進みにくくなっているのです。

　では、なぜマジョリティの方々は常識を守り、常識に従おうとするのでしょうか？理由は２つあると考えます。

　一つは、自分で考えることが面倒だからです。「思考停止」状態です。「あまり深く考えずに、とりあえず常識にしたがっておけばいい」という安直な思考です。

　もう一つは、常識に従っていると、周囲から承認されやすい、受け入れてもらいやすいからです。人間関係を大切にすることは素晴らしいことです。しかし、その中での常識だけに従い、自分の意志を押し殺してしまうことはある種の堕落因子へと繋がっていきます。

身内や友人グループ、会社内など現実的に側にいる人間関係ばかりに注力している人も、他者を大切にしているように見えても、その人間関係からの見返りのみを期待したり、自己中心的に自分の得ばかりを考えていては、常識を超えた精神性（心の声）をないがしろにしていることになってしまいます。

また、精神性が常識よりも高い人は、日頃から周囲の常識と自分の心の声との葛藤に悩まされているのではないでしょうか。

現代のマジョリティの方々がどれほど堕落因子のせいで日常的に悩んでいるか、そして、その葛藤に時間を割いてしまっているか、ご理解いただけましたか？

個人レベルでも、国家レベルでも、相反する考え方はこの二つに由来する考え方になります。

ふたつの考えを明確にはっきり分別することによって、目標の実現が飛躍的にスピードアップすることは言うまでもありません。

さらに、次の章では現代の悩みで多くを占める親子関係について考察を深めていきます。

第5章

「堕落因子」が及ぼす親子関係の問題

児童虐待が止まらない

数ある人間関係の中で親子関係だけを章立てして書くことにした理由は、親子関係が最も堕落的行動をおこしやすい関係であるためです。

特に日本は親の権利、親権が強く、また社会常識的にも親によって、子どもが被害を受けやすい環境であるといえます。昨今では、幼児虐待等、世間で騒がれるようになりましたが、つい50年ほど前までは、しつけと称した暴力やスパルタ教育は良いものだとして、評価する風潮がありました。

世間一般常識としても、自分の子どもを厳しくしつけできる親を良識のある親だと評価してきました。

現在でも、上下関係重視の方の中には、親がしつけと題して子どもに暴力行為をすることを容認する向きがみられます。

自分の子どもを虐待する親は後を絶たないのが現状です。この親に与えた権利（親権）は、親（強者）が子ども（弱者）に対して支配することを容認することにつながっています。しかも、親子は家庭という人目につかない空間（家庭）にいるため、隠蔽しやすく、虐待につながりやすくなります。そのため、親子関係は見えない犯罪の温床になりえるといえます。

しかも、法律上他人が関与しにくいということもあります。このように人生の一番はじめの社会である家庭が、弱肉強食の社会構造になることがあります。

２０２０年に児童虐待に関する法改正はなされましたが、法律の網目にかからない犯罪が、現在も日本の家庭内で行われているのです。また、虐待とまではいえなくても、子どもを親の都合の良いように利用することに罪悪感を覚えない親は多いと思います。

例えば、親の見栄のために、子どもの学校や習い事、服装や交友関係に口出しする親は、よくあるパターンです。親子問題を語る場合は、このような社会的環境があることを前提として語る必要があります。

人間は産まれてきた時に、一人では生存できない身体で誕生します。歩くことも食べることも、自分一人ではできず、肉体を維持するための衣食住を全て他人の庇護に頼るしかない状態で産まれます。

母親の中から産まれるので、最初に頼りとなるのはほとんどの場合、母親あるいは父親です。ほとんどの人は、親を頼りに生きていくしか仕方がないのです。

そこで、親子の関係が生じます。人間には顕在意識と潜在意識があり、二つの意識の間にフィルター（イメージ）が存在します。そのフィルターが判断基準なのです。幼少期の記憶は、フィルターに刷り込まれています。幼少期の記憶や親から刷り込まれたことは、その後の判断基準の根本的な部分に影響を及ぼします。

そのために、親との関係は非常に重要になります。精神的に成熟した両親に養育された人と精神的に幼稚な親に養育された人とでは、フィルターつまり判断基準に差が生じてしまうのです。私たちは、産まれる親を選択できないのですが、親（養育者）によって人生が影響を受けることはいうまでもありません。

もちろん完全な人間は存在しないので、完璧な両親はおらず、誰しもがある程度はゆがんだ幼少期を過ごすわけです。そのため、フィルターにはそれぞれ個別の傾向があります。成人してから、自ら意識して「人生を再創造する必要がある」理由でもあります。

虐待を起こす心理トリガー

親子の問題についてもう少し具体例をみていきます。

親と子の場合は、最初の出会いの時点で親が圧倒的に強い立場になります。そのため、親が加害者で、子どもが被害者になりやすいのです。堕落因子の強い親でも、子どもをもうけることで容易く、親権を手にするのです。そして、親は自分の子どもに対して「堕落因子」を発動してしまうのです。

世間一般では「親だから」「親ならそのような酷いことはしない」という傾向がありますが、日本の現実は幼児虐待の相談件数が増え続けています。親の虐待の動機は堕落因子にあります。

例えば、母親は美しく育ってくる自分の娘に対して、嫉妬することがあります。また、父親は息子に妻（息子の母）の愛情を独占されたかのように感じて嫉妬することがあります。嫉妬だと自覚できれば、罪を防ぐこともできるかもしれませんが、自覚がない場合が多いです。

嫉妬という感情が意識まであがらなくて、無意識のままに堕落因子を発動させていることが多いと思います。


また、親は子どもを一人の人格だと認識できずに、自分の分身のように支配コントロールすることも往々にしてあります。自分の子どもだからと、子どもを所有しているように勘違いをしています。その他にも、自分の承認欲求のために子どもを利用するパターンも多く見受けられます。子どもを自慢の種に使う親です。自分が他者から承認されるために、子どもを痛めつけてでもコントロールする親がいます。

これは、堕落時のネアンデルタール人の心理状態に似ています。子どもを利用する親で最も多いのが、老後の面倒を子どもに介護させる目的で、コントロールする親たちです。

最悪のパターンは、親による性的虐待です。親の罪は枚挙にいとまがありません。

親から子どもへの虐待関係は、最も一般的であり、堕落因子が顕著になる関係です。

さて、このような親に養育、そして、教育されて育った場合、成人しても悩みが深くなるのは当然だといえます。そのような生育歴がある方は、自分の成育歴にしっかり向き合い、自己理解をしておく必要があります。

「はじめに」書きましたように、私自身も幼少期に近所に住んでいた複数の大人達から日常的に性虐待を受けており、親からは精神的、肉体的暴力を受けていました。成人して、忘れてしまったように生活していましたが、努力しても不幸になってしまう負のループに陥っていました。幸い、私は様々な事を学ぶことができ、現在は虐待を受けてきたことを含めて、自分を肯定することができるようになりました。

悪魔に心を奪われた親の行動

まず嫉妬心、所有欲、支配欲、破壊欲を全開にしているパターンを紹介します。例えば嫉妬深い親（父、母、義理の父母）は自分の子どもや子どもの配偶者にまで嫉妬するため、嫉妬から生じて、所有欲、支配欲という欲となり、それは最終的に虐待へと発展していきます。

これは、完全に堕落因子にブレーキを掛けられ無くなってしまっている構図です。この場合の堕落因子は、嫉妬心、所有欲、支配欲、自暴自棄、破壊欲、背信、暴力となります。注目していただきたいのは、この最初の嫉妬心が生じるまでの心の動きです。嫉妬するのは、その対象の相手よりも、自分は大いなる意志から愛されていない（認められていない）、あるいは愛が少なくなったと卑屈になっているということです。

自分で自分を承認している人は、精神的に自立しているので、このような愛情の欠乏感で嫉妬することはありません。自己承認できていない人は、些細なことで愛情の欠乏感を感じ卑屈になり、嫉妬心を生じさせます。

そこから、その対象の人に対して、所有欲、破壊欲、支配欲が湧いてくるのです。これは、原罪を犯すまでのネアンデルタール人の心理状態と共通しています。

ここから堕落因子のままに行動している親が犯す罪の心理をお伝えしていきます。

嫉妬しやすい人は、自分に自信がありません。「自分のような性格の悪い人間は誰からも愛されることはない」と深い部分で思い込んでいるのです。

初めから愛情のある結婚や愛から発動する性交渉をあきらめているのです。この目の前の自分の子どもは、未来に素晴らしい恋愛を経験するのだと想像し、若さを失った自分と比較し、惨めさを感じます。

それが、嫉妬心を引き起こします。さらに、子どもの幸せを破壊したくなります。愛が手に入らないと思い込んで、無理やりでもその子どもの性を手に入れたくなります。そのうえ、子どもは親の所有物だという思い込みがあります。

その所有欲と支配欲に加えて、無節操で異常な性欲がプラスされた時に、極悪非道な行為に及ぶのです。その支配欲プラス異常な性欲は、大変強烈な欲望で、思考停止状態に陥り、対象としている相手が自分の子どもであることも意識できなくなります。

完全に堕落因子に、心（魂）を明け渡した状態だともいえます。前述しましたように、心（魂）は波動であり、その波動は様々なレベルがあります。精神レベルの低い心（魂）の親を教育せずに自由にさせておけば、このような悲劇が起こり続けるということです。

虐待を受けた子どもが虐待を繰り返す心理

親と子は一般的には、精神面も似ていると思われがちですが、一概に似ているとは限りません。脳と魂は別々に存在します。親のＤＮＡが遺伝するのは、脳を含む肉体だけです。精神（魂）は別々の霊格です。

ここまで、霊格の低い親の元に生まれた子どものパターンを書いてきましたが、もちろん反対の場合もあります。

霊格の高い、精神的に成熟した優しい親の元に、精神基準の低い子どもが生まれる場合もあります。その場合は、親が育児に悩むことになります。

例えば、子どもが健康な状態で成人しても、社会生活をする努力をせずに、親に依存するようなケースがあります。子どもが大人になっても、経済状況のために依存し合い、成人した子どもが親に暴力をふるうケースもあります。親子の共依存関係になります。

また、子どもが犯罪を犯しても、一概に親の責任とはいえません。子育ての目的は、子

現代人の脳と心のイメージ図

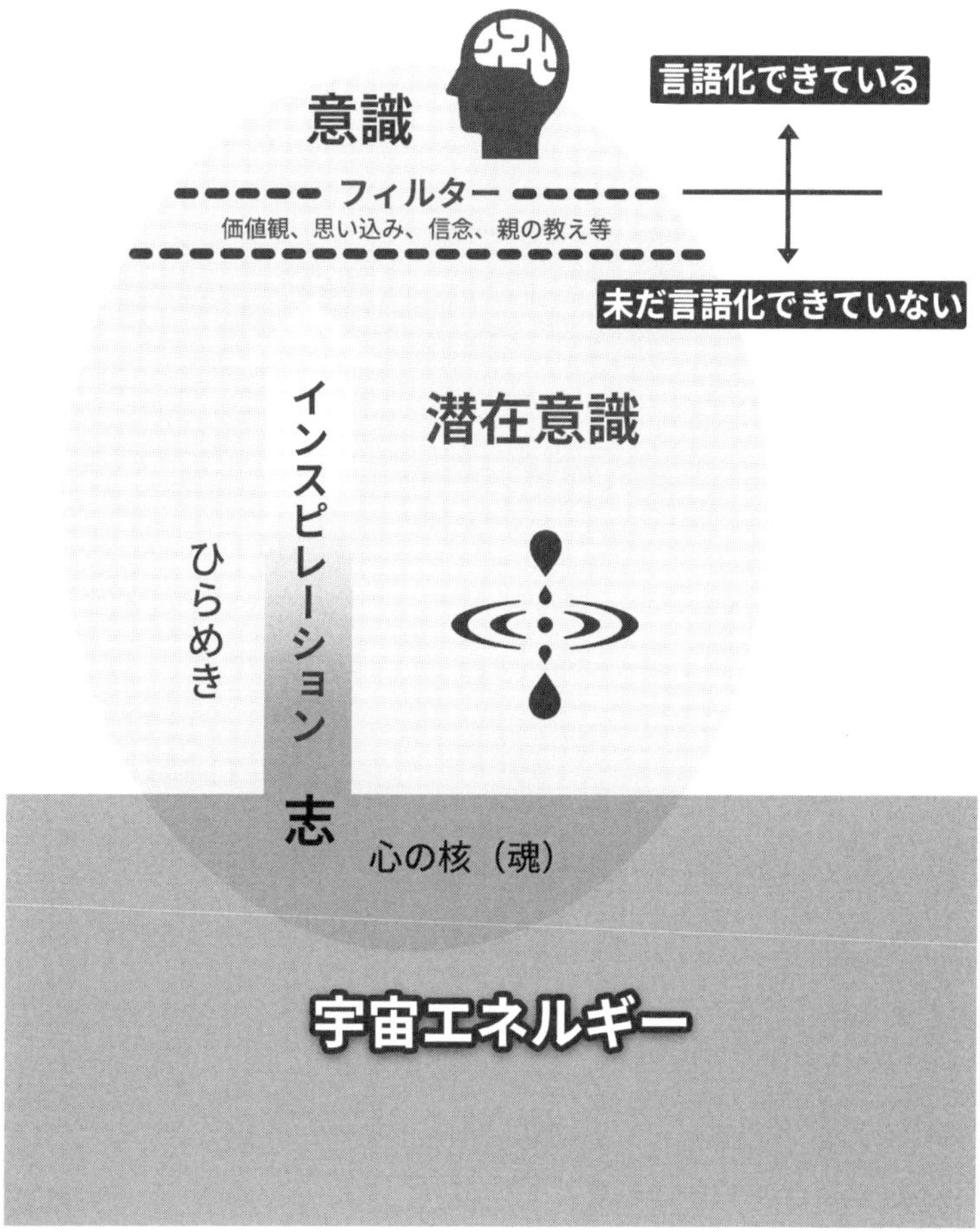

どもの自立です。いろいろな事情があるかと思いますが、成人し教育期間が終えると、自分で生きていけるように育児をしていくことが大切です。

このように親子関係は、縁が切りにくいので、様々な問題が生じやすいといえます。ただ、親の方の霊格が高い場合は、親はその子どもをどう教育するかをよく考えて対処していくことができます。

いずれにしても、親子関係に問題があれば、距離を置いてみることを勧めます。

また、虐待を受けてきた子どもが大人になり、子どもを産んだとき、自身の親と同じように、子どもに虐待する人がいます。心理学的に説明しますと、脳と精神（心）を（顕在）意識と潜在意識（無意識）と言い換えることができます。（顕在）意識とは、言語化できる感情、思考、感覚です。潜在意識（無意識）とは、まだ言葉になっていない感覚や感情のことです。（顕在）意識と潜在意識の間には、フィルターがあります。

私たちの意識はフィルターによって、二つに仕切られているイメージです。そのフィルターは、潜在意識で感じた感覚、感情のうち、ある種類のものだけを通過させて、顕在意識として現すのです。

つまり、私たちが意識している事柄は、フィルターを通過した事柄だけになるということです。その多くは潜在意識には存在していても、顕在意識（以下、意識）にまで上がってきません。

このフィルターには、意識に上げるかどうかの判断基準があります。何を判断の基準にしているかが、一人ひとり異なるのです。このフィルターは脳に存在するので、ＤＮＡと生育段階での刷り込みに大いに影響されています。フィルターは言語に関係していますので、言語野が完成する7歳ごろまでに形成されると考えられています。人間は、そのフィルターを通して、物事を判断し、それ以外の事柄は意識しないようになっているのです。

人間は、そのフィルターを通して物事を判断するため、フィルターの判断に囚われ、判断が固定化してしまいます。意識と潜在意識の感じることがかけ離れてくる場合に、悩みや葛藤が生じるのです。言い換えますと、悩みや葛藤が生じるのは、脳（意識）と心（潜在意識）が異なった感覚を持っているということです。

フィルターが固定化しており、意識と潜在意識の流通が遮断されているのです。親子の問題が人生を創造するうえで、妨げとなる場合が多いのも、この幼少期の両親からの影響が潜在意識に入ってしまっていることによります。

このように、幼少期の記憶力が未発達の時期に受けた傷は、潜在意識に深く入り込んでしまいます。意識できていない記憶こそが、最も根深いのです。

もう少し詳しく説明いたします。例えば、幼少期に頻繁に親から暴力を受けるとします。子どもは、暴力による痛みを体感しますが、だんだんと親からの暴力にあまり痛みを感じにくくなってくる場合があります。子どもは前述しましたように、身体的に未成熟で親（大人）の庇護が必要な存在です。

子どもはこの場合、二つの相反する思考を同時に脳に入れ込むことになります。一つは、親は安全だからこの親の元で育っていこうとする思考、もう一つは、親が自分に暴力をふるうから危険だ、逃げようという思考です。

子どもは、無意識でこの二つの相反する情報に葛藤します。多くの場合は、子どもは逃げる方法を知らないので、生存するために親との同居を選択するしかありません。

すると、子どもの意識は親を安全であると解釈するために、無意識での身体の痛みの信号を消してしまうようになるのです。無意識で神経信号さえ感じないような身体に変えてしまうのです。

子どもの意識と無意識に大きなズレが生じてしまいます。意識と無意識の間に分厚い壁ができているイメージです。この幼い時に生じた無意識を無視する癖は、大人になっても根深く解消しづらい状態になるのです。このように生育歴は、その後の人生にも大きく影響します。

親から真の愛情を注がれなかった子どもは、成人しても自分を深く愛することが難しいのはこのためです。全ての親に堕落因子があり、堕落因子を発動しやすい関係が親子関係ですので、幼少期に純粋な愛情を十分に注がれた人は、ほとんど存在しないと思われます。多くの人々が親子関係に悩みを抱えるのはそのためです。

もちろん、身体的な暴力の場合だけでなく、言葉の暴力、誹謗中傷やネグレクト、子どもを騙すなどの背信行為、すべての親からの虐めが当てはまります。

要するに、親から受けた暴力は、感じにくくなっているので、その後の人生で同じような虐めや状況にあった場合、感知しにくくなるのです。また、感知しにくいことを察知しようと無意識が働き、よけいに被害妄想的になる場合もあります。いずれにしても、生まれながらにもっていた無意識の感覚が傷つき、誤作動すると考えられます。

さらに、両親から愛されなかった人は、その他の対人関係も難しくなります。それは幼い子どもにとって、両親からの愛情だけが頼りであり、両親からの愛情が、世界全てからの愛情と同じように感じるためです。その両親に裏切られ、愛情を注いでもらえなかった場合、社会全般に対する不信感を潜在的にもってしまうことになります。

そして、その不信感が他者との関係に溝を入れてしまいます。親子関係は、その人のその後の人間関係に大きく影響を及ぼしてしまいます。

このように幼少期の親から受けた虐待の傷は根深く、複雑に入り組んで、その後の人生に大きな影響を与えます。親から虐待を受けた人は、虐待の直接的な傷だけではなく、潜在意識の中にそれよりも何万倍の影響を持つ傷と大きなハンディを背負ってしまうのです。

虐待被害者の「生き方」

それを踏まえた上で、親からの虐待被害者はどのように生きればいいのでしょうか？

まず、一番重要なことは自分が親の被害者であるという事実をしっかりと受け止めることです。両親に悩みを抱える大半の方が、親からの被害について目をそらしています。その理由は、自分は「親から愛されていなかった」という事実を受け止めることができないためです。人間はひ弱な状態で生まれてきますので、親を絶対視しています。

親から離れると生きていけない本能的な思い込みがあります。実際に、昔は親がいない子どもは大変苦労し、命を落とすことも多かったと思います。

現代社会は福祉も進んでおり、親がいなくても子どもは生きていくことができます。また成人すれば、親とは関係しなくても生きることはできるのです。ところが、多くの場合「自分の親だけは自分を愛していたはずだ」と思い込んでおり、その思い込みが問題を複雑にしています。

子どもを虐待する親は、子どもを愛していません。前述してきたように、堕落因子を発動しているだけに過ぎません。

まず、「自分の親は虐待をした」とはっきりと認識することから、解決が始まります。これができない人は、自分の人生を創造することができません。自分の本心としっかり向き合うことから、人生の再創造は始まります。

もちろん、実際に暴力をふるうのが父親だけであっても、その暴力行為に気が付いていて、母親が助けなかった場合は、母親も同罪です。助けられる立場にいるにも関わらず、助けない親は、その暴力を望んでいることと同じです。自分の配偶者が自分の子どもに対して暴力をふるうのなら、子どもを愛していれば、迷わずに離婚します。暴力を繰り返す配偶者と子どもを同じ家庭に居させ続けることは、配偶者に加担していることと同じなのです。

暴力行為を繰り返す配偶者と共に暮らすことを選択しつづける親は、子どもを愛していません。自分の都合で子どもを犠牲にしているのです。例えば、自分が経済力をもつ努力をしたくない、福祉による支援を受けることを拒む等、自己中心的な理由で、子どもを加害者の前に放置しているにすぎません。暴力で傷つけられると分かっていて、子どもを助けない親に愛情はありません。

両親を加害者だと、受け止めることで自分自身を守ることができます。これ以上、両親から虐待を受け続けることを防ぐためです。両親に何か復讐するわけではありません。ただ、もうこれ以上両親から被害を受けない決意をするためです。そして、自ら家庭的虐待の加害者にならないためにも、虐待の罪について、明確に理解する必要があるのです。

なぜ、虐待は連鎖するのか？

家庭内の虐待は連鎖しやすいと言われています。子どもの時に親から虐待を受けて育った人は、自分が親になった場合に、また自分が受けたと同じような暴力を今度は自分の子どもに対して加害する可能性があるということです。

親から虐待を受けた人は、被害者の辛い気持ちがよくわかっているはずです。それなのに、何故また自分の子どもに同じような暴力をふるってしまうのでしょうか？

このメカニズムについてもご説明いたします。自分が子どもの頃、親から虐待を受けた人の中で両親をなんとなく赦してきた人は、親の暴力行為を客観的に理解していない場合が多いのです。

親との関係をうやむやにしており、もしかしたら昔、親は自分に対する愛情から暴力をふるったのかもしれないと、親に対する諦めきれない愛情欲求を隠し持っています。

そのような人は、潜在的に親が善意から暴力行為を行った可能性を信じたいと思っています。その淡い期待を持ちながらパートナーができ、自分の子どもが誕生した場合、どうなるかを考えます。

自分の親が自分を愛してくれたことを証明したいと無意識では思っています。どうすれば、親が自分を愛していたと証明できるのでしょう。それは、自分が愛する子どもに対して、暴力をふるうことなのです。そうすれば、「子どもを愛していても、暴力をふるう場合があること」を自分で証明することができます。もちろん、意識的にではありません。無意識で我知らずのうちに、自分の親と同じことを繰り返してしまう心のメカニズムです。

自分の子どもに暴力をふるっている時、その人は自分の親も愛しながらも、自分を虐待したと錯覚することができます。しかし、本当はその人は暴力をふるっている最中は、自分自身の親からの愛情を確かめたい欲望のために暴力をふるっているのです。その暴力行為の最中は、自分の子どもに対して愛情も思い遣りもないのです。

その心のメカニズムに気づかないから、親からの暴力は連鎖していくのです。

虐待連鎖を断ち切る唯一の方法

ご自身の子どもへの家庭内暴力の連鎖を断ち切る唯一の方法は、自分自身の親子関係を見直し、整理することです。

暴力をふるっている時、親は子どもを愛していません。まず自分は親から「愛されていなかった」と自覚することです。親から子どもへの暴力は、連鎖が生まれやすいので、しっかり自分の代で断ち切る決意が必要です。

親に虐待を受けた方は、このような大きな使命を帯びているのだと思います。通常の親のように自分の子どもを愛して育てることだけでも、大きな社会貢献だと思います。未来の社会のためにも、ぜひ暴力をふるった親に対して、客観的な判断をしていただけたらと思います。

また、身体的な暴力はなかったとしても、言葉の暴力や夫婦間での暴力など、子どもに恐怖感を与えた親に対しても同様です。

自分の子ども時代に対して向き合わず、うやむやにすることは未来の自分の家庭に同じような被害者を出すことだと考えて、親子問題を整理してください。

そのための第一歩としては、両親と具体的に距離を置くということです。状況が許されるなら、なるべく交流しない、話をしないということです。頻繁に交流しながらでは、人間関係を考え直すことはできません。数年間でもいいので一旦離れて、両親と自分との関係を見直すことをおすすめします。

経済状況が大丈夫なのに、介護問題などで同居をしなければならないと思っておられる方は、とくに自分の心を深く見つめ直すことが必要です。

距離を置くことは、両親のためでもあります。人間は誰しも成長するために地球にやってきています。両親も自分の堕落因子を少しでも克服したいと、潜在的には望んでいるのです。

心の奥底には、子どもに執着することが悪意であることを知っているのです。そのような両親は依存し罪を犯し続けるしか生き方を知らないから、恒常的に罪を犯し続けてしまうのです。

その依存関係に違和感を覚えたら、子どもの方から距離を置いてあげることが両親への愛情でもあります。

そして、いつか両親が自分の堕落因子に気づいて、精神的に成長すれば今までとは違う新しい関係で協力し合える可能性はあります。その日が来るかどうかは、大いなる意志のみが知るところです。

両親に愛されなかった人は、大いなる意志に愛されている人だと考えます。虐待されることを想定しながらも、大いなる意志はあえて信頼している人の魂に、その子どもの役を超えさせると考えることもできます。

美しい魂の持ち主と大いなる意志が相談して生まれてくるのかもしれません。

支配欲の強い人間を指導的立場に立たせると、堕落因子を全開にして、再び堕落行為を繰り返してしまいます。指導的な立場には、博愛精神の強い魂を選んで配置します。そして、幼少期には両親から虐待を受けるような立場に立たせます。それは、愛を教えるためです。

愛の重要性を知るためには「愛のない世界」を通過する必要があります。例えば、「海にすむ魚は、海を知っているか?」という話があります。「海という自由な餌の宝庫」に住んでいれば、海の有難さも特徴も分からないのです。

それと同様に、愛情をたっぷり注がれて育った人は、愛の大切さや有難さに気づけないのです。愛のない両親に育てられた人は、愛に敏感です。愛の大切さを人一倍分かるようになるのです。

そして、持ち前の博愛精神にさらに愛の重要さを意識的に知って、愛あるリーダーへと育っていくのです。

愛情のない両親に育つ人は、大いなる意志が信頼し、重要な使命を託してこの世の中に送り出した人です。大いなる意志が時間をかけて育てた人なので、大いなる意志が陰で心配しながら見守っているのです。

どのような育ちなのかは、その人と大いなる意志にしか分かりません。大いなる意志は、愛を受けられなかった人ほど、その人を心配し、期待し、目を離すことができない存在なのです。なぜなら、大いなる意志は親だからです。ホモ・サピエンスを自分の子どもとして創造したからです。

虐待を受けた人の使命とは？

両親から暴力を受けた人が、精神的なハンディを負うことはお伝えしました。さらに、両親から愛されなかった人は、社会的な大きな使命を託されている場合が多いのです。使命は探すものではなく、その人が自然に気づいていくものです。あるいは、啓示を受けて知る場合もあります。

愛のない暴力家庭で育った人は、自分の家庭を大切にしたいと、自分は子どもを愛して育てたいと強く望みます。家庭的な愛情がどれほど大切かをよく知っているからです。

しかし、その人は自分の大きな使命に気づくのです。自分の家庭の幸福のためだけではなく、多くの場合は社会的に活躍されます。自分の家庭と社会的な使命を両方果たすように生きることになっていきます。

もちろん社会的な使命があったとしても、人間には自由意志と未来を創造する力がありますので、どのような未来も選択できると考えます。

ここまで罪の根本である原罪と、それによって生じた堕落因子について考察を深めてきました。原罪を知り堕落因子を理解した上で、「私たちは具体的にどのように生きれば幸福になれるのか」を考えていきます。

私たちの精神（心）は生きて命がある時間に、精神（心）を急成長させることができます。具体的にどうすれば、精神（心）を成長させることができるのでしょうか？有限である命の時間をどう使うか、どうすれば幸せに人生を全うできるのかについて、具体的に説明いたします。

第6章

運命のパートナーと生きる「唯愛論《ゆいあいろん》」

「唯愛論《ゆいあいろん》」唯《た》だ愛を生きる

前述してきましたように、人間は精神（愛）と肉体（命）の二重構造に創造されています。精神（心）の中に魂があり、魂は愛でできています。肉体は生命であり、命です。精神（愛）と肉体（命）のどちらを主体として生きるかが、大切です。命だけを大切にすると、長生きすることだけが幸せだということになります。果たして、そうでしょうか？ニュース等で「溺れた子どもを救うために自らの命を落とした父親」「電車のレールに落ちた他人を救うために命を落とした外国人」など報道されています。私たちは、他人を救済するために命を懸けて、身を投げ出す人々を知った時、どのように感じるでしょうか？

愛と命のどちらが大切かを人類は知っているのです。命は、愛を成就するために与えられているので、どちらか一つを選択する場合は「愛」を選択するのです。

唯物論（※）の「物」は衣食住であり、現代社会では、お金で衣食住を満たすことができます。命を長らえることも、衣食住に関わってくることです。ただ「命」よりも「愛」を優先するように、人類は創造されているのです。人類創造のコンセプトが「愛の実現」であるからです。

「唯愛論的に生きる（唯だ愛を生きる）」とは、精神が自分の脳を操縦するように心（愛）を主体に生きる生き方です。精神（心）に存在する「愛」を中心にして生きることが幸福であるという考え方です。唯愛論とは「宇宙の本質は、『精神に存在する愛』であって、物質は精神が想像し創造できる」と主張する説です。

私たちの中に流れるネアンデルタール人の血。彼らのできなかったことをすることで、私たちは愛他精神を取り戻せます。彼らのできなかったこと、それは、宇宙の大いなる意志に祈ること、自分の本心を信じること、そして、運命のパートナーと愛し合うことです。

愛には「博愛」「人類愛」「民族愛」「家族愛」「母性愛」「父性愛」「パートナーとの愛（夫婦愛）」など、愛の向かう対象や人数によって様々な愛があります。

「パートナーとの愛（夫婦愛）」以外は複数の対象者でも可能な愛です。子どもの数が多くても、親はそれぞれの子どもを愛することが可能です。ただ、「パートナーとの愛（夫婦愛）」については、対象者は一人だけです。一対一の愛、一夫一婦制が大いなる意志のコンセプトだからです。

本書でお話ししている男女愛とは、ＬＧＢＴを否定するお話しではなく、パートナーとの一対一の愛の関係のことだとご理解いただければと思います。

ホモ・サピエンスが誘惑に負けて堕落した時、何を間違ったのでしょうか？

性交渉そのものには、罪はありません。性交渉の相手を間違えたのです。

私たちは性交渉する相手をまちがいやすい性質（堕落因子）を帯びているといえます。そのため、運命のパートナーをしっかりと見極めて、そのパートナーと愛し合うことを人生の目的にする必要があります。運命のパートナーとの愛を成就させ、より深く愛し合う中で、堕落因子を分別し、愛他精神に復帰していくことができるのです。

これまでの話を踏まえて、パートナーとの恋愛（結婚）をどう考えていけばいいのでしょうか？

ネアンデルタール人とホモ・サピエンスの間違った相手との交雑が現代の恋愛の問題の根源になっています。「性」は愛するパートナーと結ばれるために設けられたものです。それを「異常な性欲」や「支配欲」に負けて、違う方向に使ってしまったため、そこから人類の「愛」の歯車が狂ってしまったのです。そして、「性欲＝罪」となりました。


本来の私たち人類は「愛他精神」があり、「性欲＝愛」だったはずです。

大いなる意志が創った宇宙のコンセプトは、「プラスとマイナスの統合」です。私たちがいる宇宙には、１人の人に相対する存在（パートナー）がいます。そのパートナーと愛し合うことを大いなる意志は望んでいるのです。「性」と「愛」が一致した時、大いなる意志はそのカップルを祝福されるのです。


結論としては、パートナーを間違えないことが最も大切です。

愛が精神（心・魂）を司り、肉体（脳）に欲望が存在します。「愛」は精神にあり、「愛」を中心に運命のパートナーを考えます。

「愛」には方向性（ベクトル）があります。「自分が相手を愛している」「相手が自分を愛している」そして、「双方が愛し合っている」状態です。

恋愛や結婚のご相談では、この愛のベクトルで悩んでおられる方がとても多いです。「愛他精神」というのは、「愛される精神」ではなくて、「愛する精神」です。パートナーに「愛されたい」という気持ちは、「愛」ではなく、「愛情欲求」です。「自分が相手を愛しているのかどうか」に焦点をおいて、愛するパートナーを決めていただきたいと思います。

「相手が自分の愛を望んでいるのか」「自分の愛を相手は拒んでいないか」を確認する必要があります。「自分の愛を認めさせよう」「自分の愛を相手に受け取らせよう」という気持ちは、承認欲求です。言い換えると、「愛」なのか「執着」なのかともいえます。

愛情欲求や承認欲求は、愛ではなく「堕落因子」であることをよく理解し、「愛のベクトル」がどちらを向いているのかを自問自答し、パートナーを決めていく必要があります。

人類を堕落させる危険な性欲

「不特定多数の相手と性交したい」「愛のない性交をしたい」「他人のパートナーを奪いたい」「誰でもいいから性交をしたい」などの性欲は、堕落因子です。

異常な性欲は、堕落した原因でもあり、大いなる意志が最も嫌う罪の根です。一番、根深く分別しにくい堕落因子です。数々の堕落因子の中でも、異常な性欲を外せない人は、絶対と言っていいほど幸せにはなれません。

どれほど才能に優れ、人びとに人気がある人でも、異常な性欲を分別できない人は幸福とは縁がないものです。ご自身で異常な性欲が強い方だと自覚されている人は、この欲情だけはどうやってでも分別してください。

異常な性欲は愛とは正反対に位置する情欲です。愛は相手のために発する情です。肉欲は己のために発する情です。異常な性欲は、絶つと決めてください。異常な性欲のままに行動してはいけません。

そして、前章の「堕落因子を分別する実践方法」をしっかりと行ってください。さらに、毎日8つの言葉を実践されていくと、自然に分別されていきます。8つの言葉は後ほどお伝えさせて頂きます。

真実の愛と婚姻制度の相関性

現代を生きる私たちは、婚姻制度をどのように捉えればいいのでしょうか?

婚姻制度は、愛し合うことを決める制度です。しかし、「愛」は目に見えないものです。法律は目に見えるものしか制御できません。なので、愛を法律で裁くことは大変難しいことだと思います。

もちろん私は、法律を全て否定する考えではありません。私自身、法律で守られて、弁護士の先生方に助けていただいて今があります。ただ、愛を法律で縛ろうとすることには問題があると思います。

「愛がある」という物的証拠もなければ、「愛がない」という物的証拠もありません。結婚も離婚も「どちらが悪い」ということを物理的な要因で判断することは難しいのではないでしょうか？

六法全書では、「愛」を証明することが難しいです。

私たちは相手を喜ばせたいと願い、愛し合うために性交渉をするのではないでしょうか？

愛のない性行為は、精神（心）を無視している行為です。婚姻関係であっても、愛のない相手との性行為では、心は空虚です。愛がないのに、ただ経済的な依存状態のために離婚できなくて、仕方なく性行為を行うことは、「家庭内人身売買」と同じです。

また、快楽だけを求める性行為は、肉体の欲求だけを満たす行為だといえます。肉体の性的興奮が静まったら、精神（心）の空虚感を味わうことになります。肉欲だけのための性行為は、精神（心）が満たされないばかりか、罪悪感（堕落因子）を強め、霊格を下げてしまうことになるかもしれません。

反対に、愛から発動した性交渉は、精神（心）と肉体（脳）の両方を満たします。愛の性交渉は、大いなる意志の喜びであり、愛のエネルギー交換であり、お互いの心の癒しと肉体の喜びであり、コミュニケーションの最高峰です。心身の満足と共に、精神エネルギーが満たされ、霊格を引き上げることができます。その結果、他者への愛他精神、貢献意欲が高まります。

そのため、心（魂）ベースでの「愛を中心としたパートナーシップ」を推奨しています。

いつしか、人類は愛があるから結婚するのではなく、損得勘定で結婚し、婚姻制度によって縛られるようになってきたのではないでしょうか。「相手が結婚していたら、愛してはいけないのか？」「自分が結婚していたら、他の人を愛してはいけないのか？」

答えは、「愛しているのだから仕方ない」ではないでしょうか？

愛は感情ではありません。感情は捏造もコントロールもできますが、愛は捏造もコントロールもできません。

感情は脳にありますが、愛は脳にはありません。愛は魂にあるのです。愛しているのに愛さないことはできません。愛している人は愛するしかないのです。大いなる意志は、愛し合う喜びを知るために男女に分けたのだと考えます。

人間は愛を諦めたら、希望を失い絶望します。絶望感は自分を否定し、自暴自棄や鬱に繋がってしまいます。決して、愛を諦めないこと。諦めることは、人生を諦めることです。脳が諦めようとしても、魂は愛を諦められるものではありません。

「愛していないのに愛する」
「愛しているのに愛さない」

私たちにそのようなことはできません。「結婚しているから」などの理由では諦められないのです。希望をもって、婚姻制度を越えていくために努力していくことです。あなたの愛は、法律で決めるものではありません。

「モテる」の大きな勘違い

「恋愛」というと「モテること」を連想される方がいます。多くの異性から、ちやほやされることが幸せな人生だと思う人のことです。一時的には、多くの異性から言い寄られて、ちやほやされると良い気分になることはあると思います。しかし、果たしてそれが幸せな人生につながるかといえば、どうでしょうか。モテる方は、ご経験があると思いますが、美辞麗句や誉め言葉は慣れてしまえば、社交辞令のように感じます。

また、異性に言い寄られると、その好意を断る時に、相手を傷つけないかどうか気を使います。ひとつ間違えば、勘違いされてストーカーのように付きまとわれて、問題に発展するリスクもあります。

本書を読まれ勉強された方は、さらに精神（心）に磨きをかけて、霊格が素晴らしく輝いていかれるでしょう。すると、その内面からにじみ出る光に誘われるようにいろいろな異性も近づいて来られるようになっていきます。

モテるという状態になった時に、それにどう対峙するかが大切です。他の人を傷つけないように、その人が恋愛対象でないことを、早い段階で知らせるように配慮することも、思いやりの一つだと思います。


現在では、経済的に力を持った男性が複数の女性を囲む一夫多妻制を賛同する考え方も出ています。唯物論的な経済至上主義の延長線上で考えると、富を持った男性と複数の女性のような構図ができあがります。

しかし、何度もお話ししているように、大いなる意志のコンセプトは「一対一の愛」です。男性が複数の女性を囲むのは、愛でつながっていない証拠です。

運命のパートナーを見つける方法

運命のパートナーを見つけるためにどうすればいいのか？「愛する相手」は、すでに初めから決まっている運命のパートナーだと考えます。「運命のパートナーに早く出会いたい」「どの人が運命のパートナーなのか知りたい」というのは、当然の欲求です。全人類がその運命のパートナーに出会えるようになると思いますが、それが今世なのかは分かりません。

今回の人生で、運命のパートナーに出会えるとしても、そのタイミングはそれぞれ違っています。そして、運命のパートナーに出会っていても、気づいていないペアも多くおられます。現代の婚姻制度やお付き合いの一般常識では、愛を捉えることはできません。

「運命のパートナーに出会う方法と見つけ方」については、多くのパターンがありますので、ひとまとめにして書くことは不可能なので、個別でお話しできる場を設けています。

愛は肉体（脳）に存在するのではなく、精神（心）に存在します。脳に存在するものなら、抑制することもコントロールも可能ですが、「愛」は精神（心）にあるので、抑制が不可能です。愛には理由も目的もなく、ただ愛しているのです。何も求めない無償の愛です。

愛し合っている運命のパートナーにいつ出会えるかについては、人間が知る由はありません。ただ、出会ったら「運命のパートナー」だとピンとくるように、自分の精神（心）の特徴を知っておくと良いと思います。

現代人は、全員が堕落した血統であり、堕落したＤＮＡと魂から始まっているので、多かれ少なかれ誰しも堕落因子をもっています。

ＤＮＡにも、精神（心）にも堕落因子をもっています。ただ、前述しましたように、何度も輪廻転生し、精神（心）を切磋琢磨してきていますので、精神性は一律ではなく、それぞれ人によって様々なレベルや性質、特徴があるのです。

「運命のパートナー」であっても、今世で別々の人生の中で、精神を磨いてきていると思います。基本的な部分で「似ている精神（魂）」であると考えます。

昨今、自分探しや自分発見など流行しましたが、自分の興味関心など脳ベースではなく、精神（魂）ベースの自分を知っておくと良いのです。

肉体（脳）を中心に「パートナー探し」を考えると、一般常識的な条件や経済力などを重要視してしまいます。精神（心・魂）に存在する愛をベースに考えないと「運命のパートナー」に出会い、その方を運命のパートナーだと認識することが難しいです。

また、出会ってから友達になって、恋人になって、年月をかけないと、愛は生まれないと思い込んでいる人々がいます。

結論をいえば、愛は一瞬で芽生えるものです。年月をかけて、慣れ親しむと情が生まれます。脳は慣れ親しんだ関係に安心できます。一概に愛情を愛と情に分けて考えることは難しいですが、慣れた関係は脳が好んでいるだけの場合が往々にしてあります。

人間は、愛する時は一瞬で愛することができます。例えば、電車に体調を崩した幼児が乗り込んで来た時、すぐに席を譲りたくなる衝動にかられて、その幼児の気持ちに対して、思いやりの心が芽生えることはないでしょうか？

一瞬にして、その幼児に対する愛が芽生えることは想像できると思います。

愛に年月はかかりません。愛している状態であることを脳が認識するまでに時間がかかることがあるだけです。顕在意識と潜在意識の概念で説明すると、潜在意識の奥深く宇宙意識とつながる部分に魂が存在しています。

その愛が魂を司っているので、顕在意識に入るまでに、その境目に存在しているフィルターを通過しなければなりません。フィルターには、脳の判断基準となる一般常識・思い込み・価値観・社会通念・善悪基準などがあります。

そのため、愛している事実を潜在意識の奥深くに隠して、顕在意識にあがっていないことが多くあります。あまりにも深く隠している場合は、自分自身ではその愛に気づくことが難しいかもしれません。

運命のパートナーに駆け引きはタブー

「運命のパートナー」だとピンときたら、どのようにアプローチすればいいのでしょうか？

昨今では、恋愛の指南書や恋愛のノウハウについて情報が溢れています。男女別の脳科学や、恋愛心理学、行動心理学に基づいて、男女別のアプローチ方法などが書かれています。大抵は、好きになった相手を上手くコントロールして、恋の駆け引きをして、恋愛を成就する方法です。

私は、「運命のパートナー」との恋愛において、相手をコントロールすることも駆け引きすることも良くないと考えています。仮に、相手を上手くコントロールして、恋の駆け引きが成功し、好きな相手と恋人になり、結婚できたとします。果たして、それが幸せな恋愛結婚でしょうか？

人を一時的にコントロールできる時はあると思います。しかし、コントロールや洗脳は一時的なもので、いつかコントロールや駆け引きされていたことに気づきます。

自分は愛していたのに、相手から駆け引きされていたことに気づいた時、どのように感じるでしょうか？何か違和感を感じるような気持ちになるのではないでしょうか？

「運命のパートナー」に対して、恋の駆け引きは不要です。

どちらか早くピンときて、気が付いたほうから素直にアプローチしてください。できるだけ早く、素直な気持ちを相手の方に伝えていただければと思います。

相手の精神（魂）はあなたと同じ基準（波動）ですので、以心伝心です。ご自身が素直に正直に表現すれば、相手も素直に正直に表現されます。あなたに自信がなければ、相手も自信がないでしょうし、あなたに勇気がなければ、相手も勇気が出ないのです。気づいたほうから、自分の気持ちに正直にアプローチすることが幸せへの近道です。

運命のパートナーとの愛が世界平和を実現する

運命のパートナーと出会った時に、相手が独身とは限りません。また、あなた自身にも、配偶者や子どもがいることも考えられます。双方が既婚者である場合もあります。また、国籍や年齢差や性別（身体的）や家族の反対や経済格差や、その他いろいろな事情があり、一般常識をベースに考えると難しいケースもあると思います。

冒頭に書きましたように、現代社会では「愛」と法律的な婚姻とは、必ずしも一致しているケースばかりではありません。結婚した後になって「運命のパートナー」ではなかったことがわかるケースも少なくありません。精神（魂）で愛している相手と、現実的に一緒に生活している相手が違っているということです。その結果として、離婚率が高くなっているのだと思います。

精神（心）が違うと感じているのに、一般常識的な事情を優先して、心の底から愛していない相手と共に暮らすことは、精神的には耐えがい苦痛だと思います。長い年月その苦痛を精神（心）に強制していると、精神が病んでしまうこともあります。お互いに「運命のパートナー」に早く戻ることが双方の幸せです。

とはいえ、現実的な事情は大きく、一朝一夕では解決できない問題も多くあると思います。一般常識や婚姻制度を超えることは、長い時間がかかる場合もあるでしょう。

様々な困難があるとしても、それでも、「愛」を優先して「運命のパートナー」と一緒になるために努力してください。そのために、努力する歳月は、ご自身を精神的に成長させる時間になります。「愛」を諦めて刹那的に生きる人生と、「愛」を成就するための努力する人生は、表面的には同じように見えても、その精神（心）の幸福度は大きく異なります。

運命のパートナーを見極める秘密の方法

運命のパートナーを、どのように見極めたらいいのでしょうか？

今、お付き合いされている相手がいる場合、その方が運命のパートナーかどうかを知る目安はいくつかあるので、ここからは見極める方法について書いていきます。

堕落した時のお話しに戻ります。失楽園の物語の場面では、女性はイヴだけですが、男性はネアンデルタール人のルシファーとアダムの二人がいました。

その二人の男性のうち、イヴの運命のパートナーとして、大いなる意志が準備していたのはアダムだったのです。しかし、イヴは本来の運命のパートナーではないルシファーと先に交雑してしまいました。失楽園でのルシファーとアダムの性質や特徴を分析していくと、運命のパートナーがどのようなタイプなのか知ることができます。

イヴが最初に誘惑された、年長で賢く指導的で積極的な男性がルシファーです。イヴから見た場合は、インテリジェンスで魅惑的、恋の駆け引きが上手でセクシーな大人の雰囲気、自分とは違う世界に住んでいるミステリアスな空気感も漂わせていたと考えます。

男性側（ルシファー）から見ると、あどけなさの残る少女から大人の女性になりつつある雰囲気で、可愛らしく、清純で少しさびしそうな空気感を持つ女性、導いてあげて手に入れたくなるような女性に見えるかと思います。

恋の先導役は男性側になります。この関係は、ルシファーとイヴの堕落時の状況に似ています。このような関係は、大いなる意志の準備した運命の組み合わせではありません。

大いなる意志が準備したイヴの運命のパートナーであるアダムはどんな人物だったのでしょうか?アダムは、イヴからの誘惑に従って、イヴに誘われるままに禁断の性交渉を行ったのです。

アダムの性格を想像すると、受け身で従順、自分の意思がはっきりしない優柔不断のタイプかと思われます。自分の運命のパートナーをルシファーに先取りされたのですから、現在で想定すると、ぼんやりしていて、恋愛には奥手で自信がなく消極的です。アダムを女性から見ると、少年のような純粋性があり、少し世間知らずで頼りない感じがすると思います。現代風にいうと、草食系男子のイメージです。懐かしさ、親しみやすさや安心を感じます。

イヴを男性側（アダム）から見ると、女神様のような少し目上の女性に見え、絶対的な威厳と尊い愛を感じるかと思います。男性は、敷居の高さを感じながらも、諦めきれない強い想いがあるかと思います。この恋愛は上下関係はなく、フラットな関係で進んでいきます。

このアダムとイヴの関係性こそが、お互いに運命のパートナーなのです。

このように恋愛相手との関係性から考えてみたら、運命のパートナーかどうか見極めるヒントになります。

幸せを引き寄せる人生の羅針盤

既に「運命のパートナー」と幸せな結婚生活をしている方々へ。あなた一人、またあなた方二人だけの幸せのためではありません。一組の運命の相手とのパートナーシップが実現することは、間違った組み合わせをなくすことにもつながります。

運命のパートナーと愛し合うことで、愛を成就する人々が増えていき、そうすることで、愛の世界を実現することに貢献できるのです。運命のパートナーと愛を実現してくださる方々が増えることが、世界平和に真っすぐに進む最善の方法であると確信しています。

現在社会では、運命のパートナーと結婚し、夫婦となっておられる方々は、まだ少数派だと思います。もし、今あなたが運命のパートナーと結婚されているなら、ご自身の幸運に感謝してください。運命のパートナーとの結婚は、大いなる意志の一番の喜びであり、希望です。

　そのようなご夫婦には、大いなる意志の希望する使命があると思います。使命は、ご夫婦での話し合いで明確にできます。自分たちの子どもたちを産み育てることかもしれません。また、孤児や児童養護施設の子どもたちを養子縁組等の制度を利用して、育てることかもしれません。ご夫婦で事業を行うことかもしれません。自らを幸せな夫婦だと自覚し、感謝の気持ちで、使命を果たすべく社会に貢献してください。その社会貢献をする中で、ご夫婦の関係も個人的にも、さらに、精神（心）が磨かれ成長していくはずです。

　運命のパートナーとの結婚だからといって、現実社会と関わらない生き方は、大いなる意志の意向に反しています。愛と物質の両方に恵まれる生き方を選んでいただきたいと思います。

　ひと昔前は、純粋な愛を選択すると貧乏になるような誤解をされていました。過去は、愛を中心として運命のパートナーを選択できる夫婦が少なかった時代があり、組み合わせが合っていない夫婦が多くありました。仕方なく夫婦愛を諦めて、経済的成功だけに努力した人々が多かった時代がありました。純粋な愛で結ばれた夫婦はごく少数だったので、嫉妬から生じる周囲の反対などが多く、経済活動に支障をきたすこともあったのだと思います。現在は、少しづつ愛を中心として相手を選び、運命のパートナーを選択できる人が増えてきています。

これからの時代に、運命のパートナーと人生を共にできる方は、ぜひとも経済活動にも努力して、物質的にも豊かになり、周囲に憧れられるような夫婦になっていただきたいと思います。

昨今では、鬱や自殺問題が取り沙汰される中、「努力」「頑張ること」「一生懸命」などの生き方を疑問視する声が上がってきています。「努力」も「頑張ること」も「一生懸命」も前向きで良いことです。ただ、その目的を見定めていないことが問題なのです。

「何のために頑張っているのか？」

「何のための努力なのか？」

その努力の先にある「人生の目的」が明確になっていれば、それは「楽しい頑張り」であり「楽しみな努力」なのです。そのために、本書では「人生の目的をどこに置くのか」について、重点をおいて書いてきました。

人類の目的は、大いなる意志が最初に計画されたように、そのコンセプト通りになるということです。そのコンセプトとは、「愛他精神をもって堕落因子を分別し、運命の人と愛し合うこと」です。それがひいては、「社会貢献」にもなるのです。

この本を読んでくださったあなたから、どうか勇気をもって、「愛する運命のパートナー」と社会に貢献する人生を送る決意をしてくださいますように、切にお願い申し上げます。

そして、その決意が、幸福な人生への指針であり羅針盤になると信じています。

第7章

これからの生き方がわかる「ONEルール」

「ONEルール」とは？

一言で申しますと、「ONEルール」とは、大いなる意志の目的に従って生きること、すなわち、愛によって生きることです。第2章に詳しく解説しましたように、宇宙創造の目的は、人間同士が愛し合い、大いなる意志自身が愛を体験することです。

現代社会では「愛」という言葉は多用されていますが、本来、大いなる意志が願う純粋な「愛」が何かよくわからないままに使用されていると感じます。

私たちホモ・サピエンスが本来持っていた愛他精神は、ネアンデルタール人との交雑によって、どんどん失われていきました。「愛他」の精神の反対は「自己中心的」な精神です。

ネアンデルタール人が絶滅してしまってからの歴史は、自己中心的になってしまったホモ・サピエンスが愛他に戻っていくプロセスであるともいえます。ネアンデルタール人もそうだったように、私たちホモ・サピエンスの肉体は死んでも、魂は残ります。少しでも、愛他の心を思い出すのが、私たちの「生きる意味」でもあるのです。

私たちの脳と精神は別々に存在しています。脳は肉体の司令塔ですが、それ以上の存在ではありません。脳は、DNAと過去の記憶をもとに判断基準を作っています。

人生の運転主を自分の精神（愛）にするということです。車に例えると、車体は脳であり、運転席には魂を座らせるイメージです。運転席に他人を座らせてはいけませんし、脳の言いなりになるのも間違いです。自分の人生は、自分の精神、魂が納得するように創造し進めていくという考え方です。

人間の肉体は、年月が経過してある年齢は過ぎると成長は止まり、肉体的機能は劣化していきます。しかし、精神（心）は年齢に関係なく、成長し続けることができます。私たちは、何歳からでも「人生をやり直し創造すること」ができる素晴らしい特性をもっているのです。

精神（心）は、人それぞれ成長度合いは違っていますが、大いなる意志からのメッセージを受け取ることができます。

ここから、「ONEルール」に基づいて生きるための具体的な方法と考え方を書いていきます。これらの方法は、実践しなくても大丈夫です。ただ、「ONEルール」とは、大いなる意志の目的にそって生きるための一つの方法であり、あるひとつの考え方だと捉えていただければと思います。

全てをリセットするマインドフルネス瞑想

最近、注目されている精神療法にマインドフルネスがあります。様々な流派や方法がありますが、どの方法でも自分に合った方法で行われたら良いと思います。

心理学的に瞑想を解説しますと、「意識を空っぽにするために、ひとつのことに集中する」ということです。ある一つのことに集中することによって、「意識」を空にしてリセットすることができます。さらに、潜在意識からの気づきを得ることもできます。

その一つのことは、呼吸が一般的であり、オススメではありますが、他のことに集中する方法でも、瞑想は可能です。「ダンス」「スポーツ」「カラオケ」「食事」「歩くこと」など、集中できることであれば、何でも構いません。

ここでは「呼吸」に集中する方法を具体的にお伝えいたします。まずは、リラックスできる姿勢になります。寝転んでいても、椅子に座っていてもかまいません。できるだけ背筋はまっすぐに伸ばすようにします。

姿勢が整ったら、軽く目を閉じます。そして、呼吸に意識を向けていきます。自分の呼吸を観察します。浅い呼吸をしているか、呼吸は乱れているかどうか、自分で観察します。

そして、吐く息に注意を向けていきます。なるべく細く長く息を吐いて、息を吐き切ってください。それから、息を自然に吸って、吐くときだけ息を長く吐き切るようにしてください。そのようにして、呼吸に集中していきます。深呼吸を続けていけるように呼吸だけに集中していきます。

もし、雑念が浮かんで来たら、「雑念が浮かんでくるな～」と自分を観察するような気持ちで、そのまま雑念を通過させてください。

次々と浮かんでくる雑念に気を取られずに、「自分はこんな雑念を浮かべているな〜」というくらいの気持ちで通過させていきます。

雑念が浮かんでも、意識して、自分の呼吸に注意を向けてください。呼吸の速さ、深さ、バラツキを観察します。ゆっくりと呼吸しながら、自分の呼吸を数えてみると集中しやすいかと思います。

そのように過ごしていると、ある時点から呼吸にも雑念にも気を取られなってくる時があります。

意識が遠のいてくるのです。睡眠に入る前のような状態です。意識がなくなっても、呼吸は無意識が継続しています。この状態が瞑想状態です。

「瞑想状態」は、意識に空洞が空き、意識のフィルターが緩んでいる状態ですので、潜在意識からの感覚や気づき、ひらめき、インスピレーションが脳に届きやすくなります。

また、ひらめきや発見がなくても、潜在意識から感覚や感情は受け取っているのです。受け取っていても、言葉に変わるのに少し時間がかかる場合があります。

このようにして、なるべくフィルターを緩めておき、潜在意識からのメッセージを受け取ることが、心の成長につながっていきます。

心を安定させるマイノート

自分の脳と心を統一し、心を安定させるために使用します。「紙」に書きだす方法は簡単でありながらパワーがあるのでオススメです。瞑想できないほど、精神状態が乱れている時には、特にオススメです。

心が乱れていると自覚がない時でも、何かソワソワしていたり、漠然とした不安感、焦燥感があるとき、イライラする時など、他人に話しするよりも効果が期待できる方法です。具体的な方法は、自分の気持ちを自由に紙に書きだすだけです。紙は後日に読み返すことが大切ですので、自分だけしか見ないノートを一冊準備されることがオススメです。

そのノートは誰にも見せないと決めてください。誰か他に読者がいると仮定すると、その読者からの視線を気にして本音を書くことができません。このノートには、本音で書くと決めて、誰にも見られない場所に保管してください。

ノートはできるだけ毎日書いてください。一日何回書いても構いませんし、何文字書いても、何ページ書いても自由です。日付だけ記入して、後は自由に書きたい放題に、心に浮かぶままに書いてみてください。

言葉にもしたくない時は、絵でもいいですし、形のない落書き、殴り書きでＯＫです。自分の脳みそに在ることを、そのまま紙に広げるイメージです。

誰かの悪口でも愚痴でも乱雑で結構なので、とにかく毎日書くことです。日記ではないので、安心して自由に書くことが一つ目のポイントです。

二つ目のポイントは、読み返しを行うことです。汚い落書きのようなノートを読み返すのは、気がすすまないかもしれませんが、読み返すことがオススメです。

読み返しをせずに、ネガティヴな内容の部分を切り取って捨てる方法は、私も何年間も試して、それなりの効果を実感しました。ただ、読み返す方法のほうが、長い目でみると効果があると長年試してきた経験から実感しています。

書いた後に、少し時間をおいて、読み返してみることで、その書いた時の自分を客観視できます。過去の自分自身を客観視し、自分で感じ、自分で判断すると、人間は確信することができるのです。

紙に書いたことをそのまま捨ててしまうと、その場ではスッキリしたように感じても、書いた内容を忘れてしまい、時間が過ぎると、再び同じことで悩みが生じてくることがよくあります。

人間は、それぞれこの人生で超えるべきテーマをもって生まれてくるものです。多くの種類のテーマをもって生まれてくる人は稀であり、ほとんどの人は一度の人生で超えるべきテーマの種類は少なく、いつも同じようなテーマで立ち止まり、悩んでいることがよくあります。

自分が、同じテーマで悩み葛藤していることに気づくために、ノートは見直すことができる補助線となります。

何度も同じことを書き続けて、それを読み返しているうちに、人間は思考します。その思考の言葉が「どうしてこのようになったのだろう？」「どうすれば超えられるんだろう？」から「自分はどうしたいんだろう？」「自分はどうなれば満足なのか？」と未来に答えを求めるような思考になれば、その葛藤から超えていける時がとても近いです。
この考え方については、アドラー心理学の目的論を参照してください。

目的論が考え方を前向きにする

私たちは、何か問題があれば、すぐに「どうしてだろう?」「何が原因だろう?」と考える癖があります。問題には、原因があるという思い込みがあるのです。この思考パターンを原因論と言います。

アドラーの「目的論」は、問題には全て隠れた目的があるという考え方です。症状や感情、状況、人間関係など、あらゆる問題には目的があると考えます。目的は、未来の目的、理想などプラスの目的だけではなく、一見マイナスに見える問題の中にも、隠れた目的があるのです。

本当の目的は、潜在意識の奥深くに隠れているのです。その潜んでいた目的こそが、ネガティヴ発生装置のように、いくつもの問題を引き起こしています。

例えば､以前に「腰痛」症状を問題として抱えていたクライアントさんがおられました。そのクライアントさんは、数年前のギックリ腰など腰痛の原因があり、ずっと腰痛を治す努力をして治療に励んでおられましたが、どんな治療法を試してもすっきりよくなることがなかったのです。

どう見ても、その患者さんに腰痛である目的があるとは予想できないと思います。その場合でも、コーチング技術を使ってお話しを伺っていくと、その目的が明らかになっていきました。

そのクライアントさんは、腰痛は就寝時に身体を硬直させていることから起こっているとわかり、さらに、カウンセリングしていくと、その硬直は身近にいた危険人物に対する恐怖だと気づかれました。世間体やいろいろな思い込みによって、リスクを感じないようにしていたのです。

そのことに気づかれ、リスク回避のために危険人物と距離を置かれてから、腰痛は嘘のようになくなったのです。

もし、腰痛の原因があるとすれば、危険人物と距離を置くことで治癒するはずがありません。腰痛には、本人に危険人物を知らせる目的があったのです。

このような問題にも、潜在意識に目的が潜んでいるのです。問題が生じたら、その問題の中に潜んでいるメッセージに気づいていくことで、問題を解決することができます。

もちろん、プラスの目標にも、その奥には意外な目的が隠れている場合があります。自分が「どうなりたいのか?」「どうなれば満足なのか?」と自問自答しているうちに、目標とその目的にたどり着くのです。

目標の向こう側が見える瞬間

目標が、ただの目標ではなく、その向こう側にある目的に気がつくようになります。目標は漠然としたものでいいのです。

例えば、「田舎暮らしをしたい」「小説を書きたい」「子ども達を教育したい」「ひとり親家庭を助けたい」「農作物を育てたい」「運動、スポーツを推奨したい」「音楽活動をしたい」のように、漠然とした夢でいいのです。

漠然とした夢の中に、その夢を実現したい本当の目的があります。

ここまでアドラーの目的論についてお話ししてきましたが、この「目的」とは一体なんでしょうか？

アドラーは、見えない世界（精神世界）の存在については肯定していませんが、この「目的」とは、自分の志向性、意志です。さらに言いますと、「目的」は、心であり精神性、魂の声だと言えます。

目的を大切にするということは、すなわち心（魂）に従って生きるということです。

よく「やりたいことが見つからない」ことで悩んでいる方がおられますが、具体的な目標があってもいいですし、まだ目標が定まっていなくてもかまいません。「やりたいこと」がまだ見つかっていなくても大丈夫です。

安心して、ご自身が「愛」だと思う方向に進んでくだされぱと思います。大いなる意志は何らかの方法で気づくことができるように導かれると思います。

奇跡を起こす8つの魔法

ここからは、堕落因子を分別していく方法について具体的にお伝えしていきます。堕落因子を排除し、奇跡を継続的に起こし、本来の堕落する前の純粋な人間に回帰していくための具体的実践方法をお伝えします。

①「赦してください」

「大いなる意志に謝罪する」これが、最初にやることです。もちろん、堕落したのは先祖であり、現代人が堕落したわけではありません。

それでも、私たちは全員、堕落因子を帯びており、誰一人も完全に純粋無垢な精神の持ち主はいないのです。

過去に多かれ少なかれ、罪を犯して生きてきたのです。それでも今日まで、大いなる意志は地球上で私たちを養って成長させてくださったのです。楽園を追放されて、再び楽園に戻るとき、大いなる意志に謝罪するのは当然です。

人類は、神の子どもとして創造されたのは事実です。だからといって、大いなる意志に対して親子だからと我儘放題にしてよいわけではありません。

大いなる意志の子どもの位置だったホモ・サピエンスは、堕落して原罪を作ってしまったからです。もう一度、楽園に戻る時には謝罪するのが当然です。謝罪と言っても難しいことはありません、「神様ごめんなさい」「赦してください。」と言葉にするだけです。

大いなる意志を直接傷つけた覚えがない人でも、全ての創造物は大いなる意志の物であり、人類は大いなる意志の大切な子どもたちです。傷つけて良い人は一人もいないのです。自分が犯した罪に気が付いた時に「神様、申し訳ありませんでした」と祈ることです。

人間の子どもの場合も、善悪の区別もつかないほど幼い時は、謝らなくても仕方ないと思います。ただ、精神的に成長し、善悪が分別できるようになれば、自分自身の罪に、謝罪したいと感じるようになります。自分自身の罪に気づけば、大いなる意志に対して祈りましょう。

大いなる意志に対する、最初の祈りは「赦しを乞う」ことです。大いなる意志に対して、「申し訳ありませんでした。お赦しいただけませんか？」このような気持ちになれば、静かに祈りましょう。

②自分を赦す

そして、次に、自分で自分を赦します。


「赦し」なしには、何もできません。

「赦し」なしには、夢も理想も叶いません。

「赦し」なしに、幸福になることは不可能です。


なぜなら、私たちは堕落因子に満ちているからです。「罪悪感」について先述しましたように、この罪悪感が諸悪の根源とも言える厄介な感覚なのです。

罪悪感が強くなれば、幸せな人生からは遠ざかるのです。その心のメカニズムについてお話しします。

例えば、「イライラ」についてです。「イライラ」は「怒り」という感情の前段階の感覚です。イライラが継続的に起こると「腹が立っている」状態、怒りという感情に気づき始めます。

「怒り」が実は第２感情だということを、認識されている方もいらっしゃるかと思います。

では、その第１感情は何でしょうか？

「悲しみ」「恐怖」なのです。何かについて、非常に怯えていて、とても悲しいと感じているから、「怒り」という感情を捻出して、潜在意識に存在する「恐怖」「悲しみ」を感じないようにしているのです。

では、その「悲しみ」「恐怖」はどこから生じるのでしょうか？それは、人類が潜在意識の奥深くにしまい込んでいる原罪の記憶に対する「悲しみ」と罪を犯してしまった「罪悪感」なのです。

どんなに完璧に見える人も、「自分自身を100％完全な人間だとは思えない」のです。それは、人類が約十万年も前に犯した原罪によるものです。罪悪感は多かれ少なかれ、誰しも心の奥底に持っている感覚です。

しかし、その原罪の記憶と罪悪感が、恐怖と悲しみ、被害妄想を生み出し、それが怒りにまで発展するのです。怒りが集まると、破壊欲や支配欲につながり、戦争を引き起こすことになる場合もあります。「罪悪感」が不幸につながることがあるということです。

私たちは皆、罪と汚れを持っておりますが、「罪びと」だと自分を責めても、他人を責めても、何も良くなることはありません。

自分自身を嫌い、自分自身を否定し続けて、人類を幸福にすることができるでしょうか？汚い罪びとであると感じ、自分の肉体を殺しても、魂は浄化されることはなく、そこに汚い屍が残るだけです。

また、堕落因子を多く持っている他人を責めて批判しても、攻撃しても、仮に殺害したとしても、そこから幸福が生じることはないのです。そこにも、また汚い屍が残るだけです。

そのために、「自分を赦す」ことが必要になってきます。

まずは、原罪について大いなる意志に赦しを願い、さらに自分の魂を自分自身が赦すのです。一旦、自分を赦したという状態にならないと幸福はやってきません。どんなに汚い悪い自分であったとしても、全て赦すことにしてください。

ここから、具体的な赦しの方法について述べます。「赦します」とつぶやくだけです。一人でいる時に自分自身に向かって口に出して「赦します」と言うのです。

何回も繰り返し、１００回ほど言ってみてください。最初は赦すことが不可能だと思っていても、１００回、１０００回と継続していくうちに、だんだんと心が軽くなるのを感じていただけると思います。

「赦します」と100回唱えるのに、時間は10分ほどしかかからないので一度お試しください。一日10分100日継続したら、10000回です。100日、約3カ月間で、あなたの幸福感が改善され、現実が変化し始めていると思います。「赦します」と唱えることが、幸福になるための最初の一歩です。

③想像（イメージ）が現実化する

人類だけがいただだいたチカラに想像力（イマジネーション）で創造するチカラがあります。イメージすることによって、未来を創造するチカラです。

イメージしたことで、現代の便利な社会が実現したといえます。人類は、イメージ力で宇宙開発を進めて実現してきました。また、イメージ力で、戦争を繰り返してきたのです。イメージ力は人類だけに与えられた神聖な力です。

「ピンクの象をイメージしないこと」が難しい話をお聞きになったことがあるかと思い

ます。脳は否定形が苦手です。例えば、「未来こうなったら怖い」「あんな老後は送りたくない」「あの人のようにはなりたくない」と想像すれば、その想像通りの状況に向かってしまうということです。そのため、イメージは手に入れたい理想の未来をストレートにイメージする必要があります。

有名な引き寄せの法則もこの考え方です。簡単にいえば、理想をイメージするだけの理論ですが、実際にやってみると、そんなに簡単に理想は手に入りません。

また、心の底から幸せな未来をイメージし続けることは、そんなに簡単ではないのです。なぜなら、人間は脳だけで生きているわけではなく、潜在意識と魂で生きているからです。

脳のイメージを継続することで、潜在意識に刷り込んで行く方法がありますが、その方法も簡単ではありません。なぜなら、潜在意識は顕在意識に比べて、とてつもなく大きなエネルギーであるためです。

人間の潜在意識は自分自身のことを良く知っています。自分の良い部分も知っていますが、良くない部分、堕落因子や罪についても知っているのです。

潜在意識の魂のその先端は、大いなる意志につながっているからです。人間は他人を騙すことができても、自分自身を騙すことはできないといわれていますが、まさにその通りで、自分の罪を自分で分かっているので、ごまかしは効かないのです。

つまり、罪深いままで、素晴らしい幸福を手に入れようと、日々イメージ力を駆使してアファメーションに励んでも、幸福を引き寄せるのは難しいということです。

日々のアファメーションでイメージしている未来よりもその手前に、望まない課題（苦労）がやってくることがあるのは、そのためです。

では、理想をイメージすること（アファメーション）は効果がないのでしょうか？

効果はあると考えます。潜在意識の奥深くの魂（志）とイメージが一致しているかどうかが大切です。あなたがイメージしている像が、大いなる意志の願いにあっているのかどうかは、あなたの魂が知っています。あなたの魂とイメージが一致した場合に、イメージが現実化すると考えます。

④ありのままに生きる

「ありのままに生きる」という言葉を見聞きするようになりました。私も究極的な生き方を一言だけでお伝えするとしたら、「ありのままに生きる」ことになります。

ただ、人によっては、その「ありのまま」が何を指しているのかを理解できずに、自己中心的な欲望（堕落因子）を押し通して生きることだと勘違いしている人も見かけます。

例えば、極悪非道な殺人犯が、反省もないままに「ありのままに生きた結果、ありのままに行動し殺人した」と言ったら、どうでしょうか？

「ありのままに生きる」とは、堕落因子を分別した魂の中の本心に従って生きるということです。

魂と言う言葉は、一言で説明しにくいのですが、「自分の意志」や「志向」、「志」です。魂とは、「誰に何と言われようと、変えることができない心の叫び」です。「これだけは命がなくなっても譲れない大切なもの、大切な価値観　大切な愛、大切な希望」です。

つまり、個々の魂は、大いなる意志から分け与えられた「愛を実現したい意志であり志向性を持ったエネルギー」だと考えることができます。そして、ここで言う「大いなる意志」とは愛のエネルギーそのものだと言えます。

「ありのままに生きる」とは、その魂の叫びを第一優先にして生きることです。

自分の精神性の中の堕落因子を分別し、ただ「ありのままに生きる」ことが、そのまま幸せにつながる人間へと成長させるのです。

魂（本心）と脳（身体の司令塔）が統一されているといつも心が平安です。

そうなると、自分の魂（本心）からの違和感のサインに敏感に気づくようになり、早い段階で違和感に気づくことで、人生のハンドルの微調整が可能になります。

そのために、大きな心の揺れがなくなり、精神的に平安に生きることができるようになります。精神的に安定しますと、現実的に様々な事象が起こっても、その対応が安定してくるので、困った事態にはならずに、通過していくことができるようになります。

そして、ありのままに生きていることが幸せであり、自然に成長し、さらなる幸せへと到達していくのです。

「ありのままに生きて、幸せに居る」ことが、心の在り方の到達点です。

⑤全てに感謝する

「ありのままに在る」「doing」ではなく「Being」だという考え方を理論的に理解していただけたかと思います。しかし、頭では理解できても、実行するのは難しいと思っておられませんか？

ただじっと、理想が叶ったと同じ精神状態を保っていることは、そんなに簡単なことではありません。そこで、お勧めする方法があります。その方法とは、人生の全ての事柄に感謝することです。

「なぜ、感謝する必要があるのか？」と言いますと、堕落時に最もできなかったことが「感謝」であるからです。私たちは、多くの堕落因子が身についてしまいました。この堕落因子を脱ぐためには、堕落時とは正反対の感情＝感謝が必要です。

堕落因子を分別していく方法は、「感謝できない事柄に感謝する」ことです。そのように堕落因子を分別したら、本来の大いなる意志に願われたままの魂の持ち主に戻ることができるわけです。

愛他精神に富んだ健康な心の持ち主に回帰できるのです。ありのままの自分で在り、安心であり、夢や理想を実現して、幸福感に包まれます。この幸福感に在ることが、「在りのままで在る」「Being」なのです。

本来の人間ホモ・サピエンスのように幸福感で過ごしていると、堕落因子が発動しにくくなります。目に見えない精神世界には、善意の霊人だけではなく、堕落因子に満ちた悪意の霊人も存在しています。

しかし、悪意の霊人も善意の人間が幸福感を以って在りつづけることで、悪事を働くことができなくなり、やがて善意の魂に回帰していくことができます。

そのようにして、全ての霊人が善意の霊人に回帰し、地球全体が善意に満ちた本来の姿に成長することができるのです。

「感謝」は世界平和につながるのです。一人ひとりが、この幸福感と共に在る時間に大いなる意志が働いてくださり、理想が叶うというわけです。

感謝は、精神（心）を成長させる方法でもあります。「愛他精神」さらには「愛敵精神」を持ち、そして「人生において起こる事柄、全てに対して感謝すること」です。

人生では、おおよそ感謝しにくい事柄ばかり起こってくると思います。それは、大いなる意志が私たちの成長を願って、起こしてくださっている事柄だと捉えて、どのような出来事も全て「感謝してみよう」と考えてみてください。

どうしても感謝できない事柄は、「どうしたら感謝できるのか？」と考えて、感謝できる状況になるように行動してください。


具体的にどのようにすれば、全てに対する感謝の感情が湧いてくるのでしょうか？


その方法は、「感謝です」「ありがとう」という言葉を何度もつぶやくことです。さらに、感謝している事柄を「紙に書く」ことです。効果は、「感謝」とつぶやいている時間と、紙に書きだしている時間、感謝のノートを読み返している時間、そして心から感謝している時間に比例します。

毎日、できるだけ長い時間「感謝している」と言葉に表現することが重要です。他人に向かって言う必要はありません。よく「ありがとうございます」と自分以外の人に何度も伝えることが、自分に幸運を呼ぶと思い込んで、他者に感謝を伝えている人がいます。

もちろん感謝している場合は伝えた方が良いことは言うまでもありませんが、一番重要なことは、心から感謝することであり、他者に伝えることではありません。一人で過ごしている時に、小さな声でつぶやくだけで効果があります。

感謝のつぶやきと書き出しが習慣になった時に、ほとんどの出来事に心から感謝ができるようになります。感謝が習慣的になると、マイナスに見えることを全てプラスだと捉えるようになっていきます。辛いこと嫌なことも少し時間を置くと結局良いことにつながることを、時間を置かなくても察知できるようになります。到底、感謝などできるはずがない被害についてでも、長い視点で見たら、全ては感謝すべきことだったのだと分かってくるのです。すると長期的な視野で物事を捉えられるようになり、視野が広がり、未来が見えるようになってくるのです。

マイナスに見える出来事にこそ意味があり、すべては「ただ愛を生きる」ために必要なことだと捉えることができると思います。

「感謝」は、前述した「赦します」に次いで、重要なキーワードです。

さらに、「愛せない人々」「攻撃してくる敵」を愛することが堕落因子を分別するための最も効果的な方法です。

⑥敵を愛する方法

「愛敵精神」は、言葉は簡単ですが、とても難しいことです。自分に攻撃をしかけてくる敵といっても、現代社会ではいきなり暴力をふるってくることは、ほとんどありません。

もちろん、身の危険を感じる場面では、まず身体の安全を確保してください。肉体的な暴力を感じた場合は、日本ではすぐに110番通報をしてください。暴力をふるう相手が両親であっても、兄弟であっても、身内親戚、友人、クラスメート、教師、どのような関係の人であっても、暴力を許される社会であってはなりません。相手が誰であっても、迷わず警察に110番通報してください。

また、直接肉体的に暴力を受けなくても、例えば、扶養義務のある両親のどちらかから脅迫的な言動で、衣食住の危険を感じる行為を強要される場合は、暴力に値します。衣食住にまつわる強制は、生命の維持の危機にもつながりますので、暴力行為と同じく警察に連絡してください。

少し話がそれますが、様々な人間関係の中でも、日本で法律的に縁を切ることが難しい関係は親権がある親子関係です。それ以外の関係は夫婦であれ、雇用関係であれ、契約を解約することはそれほど難しくはないと思います。

今からお話しする「愛敵精神」とは、先ほどお伝えしたように、敵といっても、直接暴力をふるうような敵ではなく、「あなたを敵視して、何かとあなたの不都合になるようなことを仕掛けてくる相手」のことです。

例えば、証拠が残らないような意地悪や誹謗中傷など、あなたが困るような暴言などを行う人です。まるで、あなたの敵のような人に対して、どう対応するかについてお伝えします。

「敵を愛する」と言っても、実際には大変難しいことはいうまでもありません。敵のようにあなたを攻撃してくる人は、堕落因子のうちでも嫉妬と攻撃性を併せ持っています。

一番の解決方法は、その相手から離れることです。逃げることが最善の解決策です。逃げても逃げても執拗に追いかけてくる相手に対しては、どうしたらいいのでしょうか。

どんなに敵があなたに戦いを挑んできたとしても、敵と戦ってはいけません。敵は、堕落因子に満ちた悪魔のような人間です。

相手にするということは、あなたがその相手に向き合う精神レベルだということになってしまいます。

相手にしたくない相手が追いかけて来る場合、または、過去に被害を受けた相手がいて、今は攻撃はして来なくても、何らかの関係性があり縁を断ち切ることが難しい場合について考えてみます。人は「会いたい人に会えない辛さ」と「縁を切りたい相手と縁が切れない辛さ」が最も辛い悩みだと思います。

思い出したくもない相手とすっきり縁が切れないその苦しみは、相当深い苦しみだと思います。苦しさの中には、「許せない」思いや「怒り」「また再度被害を受けるかもしれない恐怖」「過去被害を受けてしまった自分への情けなさ、後悔」もあるかと思います。マイナス感情が複雑に入り混じった苦しみを長年持ち続けることは、非常に辛いことです。

怒り続けても、自分自身が楽になるわけではないことをお分かりだと思います。その場合、どうしたら、少しでも楽になっていけるのか、考えたいと思います。このような悩みをお持ちの方は、過去に相当な被害を受けたからこそ、今も赦しがたい思いがあるのだと拝察いたします。そして、多分、その後も、相手は何も罰も受けず、何も害を与えなかったかのようにのうのうと生きておられるのではないでしょうか。その不条理に対しても耐えがたい怒りを感じておられるのではないでしょうか。

その苦しみを軽減するための考え方としていくつかご提案があります。一見、不条理に見えますが、もしかしたら既に天罰はくだっていると考えてみてはいかがでしょう。目に見える部分では、相手が何の制裁も受けていないように見えますが、あなたが分からないだけで、天罰はくだっているかもしれないのです。あなたが受けた被害と同じ制裁ではなく、相手が一番辛いと感じる天罰を大いなる意志は、既に相手に与えているかもしれないのです。大いなる意志は、人間一人一人の個性をよくご存知ですので、その一人ずつにあった罰をくだすと思います。相手は苦しそうな様子を表すことはないかもしれませんが、苦しいと言えない苦しみは、表現できる苦しさよりも辛いものです。そう考えると、思い当たることがありませんか。

あなたに謝罪の言葉もなく、反省もなくのうのうと幸せに生きているように見える相手は、既に過酷な天罰を受けているかもしれないと考えてみられたら、不条理だという怒りから、少しは解放されると思います。

私自身、許せない人間への憎しみや憤りや自分自身への不甲斐なさや無力感に苛まれ、長い年月を苦しみで費やしてしまいました。

長年苦しんだ末に、過去に、自分自身の堕落因子によって、大切な人に対して取り返しのつかない間違いを犯したことを再び思い出しました。私が他人に対して許せない思いは、そのまま私自身を許せない思いと同じだと、ふと気がつきました。私は自分の犯した罪をあれこれ、自分に言い訳をして忘れようとしていました。しかし、被害を受け続けたことで、私自身の罪の深さに再び気づけました。人は自分の犯した罪を少なく感じ、他者から受けた被害ばかりを大きいと感じるものではないでしょうか。

まさに大いなる意志には、不条理も不公平もなく、すべては正しく制裁を受けるものだと実感できました。

さらに、オススメしたい「敵の愛し方」をご紹介します。

それは、あなたが一人でいるときに、先に「その相手を愛します」とつぶやくことです。小さな声でも大丈夫ですので、「〇〇さん（敵のような相手）を愛します。」と何回もつぶやくことです。心が伴っていなくても良いのです。

心の中では憎んでいてもいいので、とりあえず「○○さんを愛しています。」と口に出して言ってください。誰も聞いていない所で、独り言で「○○さんを愛しています。」と100回以上唱えてみてください。

不思議ですが、少しだけでも心が楽になることを感じると思います。まだまだ「愛せていない」状態で大丈夫です。そして、一日100回つぶやいて、10日間、合計1000回つぶやくと、○○さんに対して自分がどのように対応すればいいか、冷静に考える余裕がうまれてきます。

もしかしたら、○○さんの問題をどう解決したらいいか解決策も見えてくるかもしれません。さらに、「愛します」「赦します」をダブルでつぶやくと効果的です。

解決策を実行しながら、「愛します。赦します」をつぶやき続けていると、その問題が無事に円満に解決して、○○さんは離れていくでしょう。あるいは、○○さんが変化される場合もあります。

そして、何年も経過した後に、その頃の○○さんを懐かしく思い出すことがあるかもしれません。その懐かしさは「愛」に似ているかもしれないのです。このようにして、「言葉は現実を創造する」ことができるのです。

⑦８つの言葉が奇跡を起こす

「赦してください」
「赦します」
「感謝します」
「愛しています」
「嬉しい」
「楽しい」
「幸せ」
「ありがとう」

これが８つの言葉です。「嬉しい」「楽しい」「幸せ」と一人でいる時につぶやいてみてください。初めは、気持ちが伴っていなくても大丈夫です。何度もつぶやいているうちに「幸せな気分」を日常的に感じやすくなってきます。

最後の言葉は、「ありがとう」です。「ありがとう」は、あなたの身体に対して、いつも機能していてくれることに対する感謝の言葉です。

身体は言葉が使えませんが、毎日片時も休まずに、私たちの生命を維持するために働いてくれています。どんなにこき使われても、黙って従ってくれているのです。その身体に対して、今日も働いてくれて「ありがとう」と声をかけましょう。

脳には、意識できることと無意識の部分があります。身体の機能のほとんどは、無意識で何も指示しなくても働いてくれているのです。

内臓も身体中の名前もない小さな筋肉も各細胞たちが、黙って連携して働いてくれています。その細胞たちに感謝せずにこき使っていると、痛みや不具合といった症状を引き起こして、細胞が訴えてきます。

何か身体の不調があれば、自分は身体に感謝しているかどうか振り返ってみてください。もし、不調があれば、その部分に手を当てて、「どうしたの？」と尋ねてみてください。

そして、今まで黙って働いてくれたことに対して「ありがとう」と言いましょう。身体に感謝とねぎらいの言葉をかけていくと、身体の声を感じるようになってきます。そして、自分の身体と会話することができるようになります。身体は言葉を使うことはできませんが、何かの反応で応えてくれます。

ここまで精神（魂）の大切さを説明してきましたが、身体がなければ生命がなくなり、人生を創造することは不可能です。

脳を含めて身体が日々頑張ってくれていることに感謝を伝えていきましょう。身体に対する「ありがとう」も独り言でつぶやいていきましょう。

魂と身体のコミュニケーションが十分とれて、お互いに信頼し合っていると、大切な場面で身体は底力を出してついてきてくれます。自分自身の身体に対する優しい気持ちが、自分を愛することにつながるのです。自分の脳と魂の関係が良好であれば、自然とありのままに生きることができているのです。

そして、その身体を支えてくれているのは地球上の生物たちです。微生物から哺乳類まで、生態系を維持し美しい地球を保とうとしているエネルギーがあります。人類は自己中心的な発展のために、地球環境を破壊したり、生態系を壊すような行為を繰り返してきました。

地球は絶滅した生物を出しながらも、原型を保っています。絶滅危惧種についての議論は、ここでは致しませんが、人類が他の生物に対して愛情のない行為をし、被害を被っている動植物が多く存在していることはご存知だと思います。

この生態系を守らない性質は、堕落時の失楽園の事件に遡って原罪に起因する性質です。本来のホモ・サピエンスは動物植物に感謝し、身近な小動物たちを慈しみ守り可愛がっていたでしょう。大自然の生態系を壊すことなど考えもしなかったはずです。人類は、堕落の事件以来、動物植物の痛みを省みない残虐性、破壊性を身につけてしまいました。そのため、私たち現代人が動物植物を愛する行為は、堕落因子を分別することにもつながるのです。

動植物は言葉では何も言いませんが、思いはあり、黙って人間を赦しているのだと思います。その地球上の生きとし生きるもの全てに対して、感謝の気持ちが湧き出る時があると思います。自分の身体とその身体を維持させてくれている生態系全て大自然地球に感謝の気持ちで「ありがとう」と言ってください。

そして、できる限り、地球上の生態系を壊さないように大自然を大切に生きていきましょう。ホモ・サピエンスは本来、動物や植物に感謝し優しい気持ちで愛し、共存して暮らしてきたと考えます。元の美しい心に戻っていくと、地球と大自然に対する愛情が戻ってくるのです。

「赦してください」
「赦します」
「感謝します」
「愛しています」
「嬉しい」
「楽しい」
「幸せ」
「ありがとう」

この8つの言葉の力は、とてつもなく大きな力です。この8つの言葉は、誰でも自由に使用できる簡単な言葉です。この言葉を日常的に使うことで、奇跡を起こすことができます。8つの言葉の中で、最重要な言葉を一つだけ選ぶとしたら「赦します」という言葉です。繰り返しになりますが、「自分を赦す」ことから人生の再創造が始まります。

ここまで、「堕落因子」を克服する考え方について書いてきましたが、堕落因子の中で、最も克服しがたい感情は、嫉妬心（ジェラシー）だと思います。第4章にも書きましたが、嫉妬心の前提には「自分は正当に見られていないのではないか」という不信感があります。しかし、大いなる意志には不公平も不条理もないと気づき自分を愛することができれば、嫉妬心（ジェラシー）は生じないのです。

もちろん、私自身も嫉妬心を取り除けたわけではありません。ただ、嫉妬（ジェラシー）を感じている自分になるべく早く気づけるように心がけています。気づいた時には、できればその場を離れるようにします。そして落ち着いてから、私自身に声をかけます。「悦子さん、その人が羨ましいの？本当はあなたもその幸せが欲しかったんだよね。その幸せは、これから先に手に入るかもしれないから、諦めなくていいよ。」と自問自答し、これから先、嫉妬を感じるその幸せが未来に手に入ると想うようにします。嫉妬（ジェラシー）は、自分の本心が何を望んでいるかを知らせてくれます。

ここまで読まれている方は、本来のホモ・サピエンスとしてありのままに生きる準備ができた方だと思います。理想を叶えるタイミングは大いなる意志にお任せするしかありません。

⑧タイミングは大いなる意志にお任せする

ただ、望む理想が叶うまでの順番は、天にお任せということになります。祈りは一瞬で叶う場合もありますが、たいがいは時間がかかります。

なぜかというと、大いなる意志と私たちの理想にズレがあるからです。大いなる意志には計画された順番や方法（摂理）があります。

書いている私自身が短気な性質で、何でもすぐに叶えたいほうです。焦りが強くなると、不安になりネガティヴな思考にひっぱられます。大いなる意志には不条理も不公平もないと、信じることができると安心できます。焦る気持ちを、信じて待つ気持ちに変換できた時、安心と余裕が出てくるのだと思います。

堕落因子を帯びた私たちには計り知れない大いなる意志の計画があります。人類始祖が、大いなる意志の摂理を無視して、禁断の非道を突っ走ったことが原罪です。そのため、私たちは大いなる意志の計画を無視したい堕落因子が備わっています。そういった自分自身の堕落因子に気づいて、大いなる意志のタイミングを大切に、天の時を待つ姿勢が大切です。

言い換えると、「結果を大いなる意志にゆだねる」ということです。「南無阿弥陀仏」という言葉は、「大いなる存在に全てお任せします」という意味だと言われています。「人知を尽くして、天命を待つ」「サレンダー（降伏する）」なども同じ意味です。

①～⑧を日常的に行って、それから「祈り」がオススメです。宗教的な儀礼はご自由です。心を真っすぐに大いなる意志に向けてみてください。

大いなる意志に祈る時は、真剣に祈ってください。大いなる意志は親ですので、あなたが一心に祈れば、答えはもらえるはずです。

①〜⑧と「祈り」で、徐々に堕落因子が分別されると考えます。なぜかというと、堕落時にネアンデルタール人もホモ・サピエンスもできなかった事だからです。これを行うことによって、一時的であったとしても堕落因子に惑わされない判断ができます。第4章で詳しくご説明しましたように、人生は、大まかに分けると2つの思考の選択によって進んでいきます。一つは堕落因子を発動した思考と、もう一つは他者への愛のための思考です。選択肢を間違っても、もちろんやり直しはできますが、間違わない方が短い人生をより幸福に過ごすことができると思います。

堕落し、交雑を繰り返した結果、人類にはその精神性に違いが生じました。およそ3万年前にネアンデルタール人が絶滅してからも、復帰の道を歩み、もとの純血の精神性に近づこうと努力しているのです。そのため、それぞれの精神（心）の努力と歩み方によって、精神性に段階レベル（霊格）が生じています。

大いなる意志はそれぞれの精神（心）を同等に愛されていますが、その精神（心）の成長度合いによって、精神（心）のレベル（霊格）は存在しているのです。

そして、同じ霊格の霊が集まり、精神世界に界層ができたのです。その界層とは、固定的なものではなく、その時々の精神基準によって行ったり来たりする流動的な界層だと考えます。固定的な界層だと誤解されて、差別や選民意識を生み出すことは本意ではありません。

誰でもその行動と考え方次第で、どこの精神レベルにでも行くことができる、同じ波動の人が集まっている「類は友を呼ぶ」という考え方です。

幸福な人の周囲には、幸福な波動が広がって共鳴し合うので、幸福な人びとばかり集まって暮らせるようになります。お互いに愛他精神で、貢献し合う関係です。信頼し合い、助け合い、慈しみ合う関係の共同体になります。幸福な人々が集まり、お互いに貢献し、信頼しあえる共同体です。

あなたはどのような人々と仲良くされていますか?友達や仲間はどのような考え方の人々ですか?あなたの周囲の人々が、どのような精神の人々かによって、あなた自身の住んでいる場所がわかります。それは、あなた自身のその時点での精神基準なのだと言えるのです。

この宇宙は、愛で成り立っており、愛は複層構造になっています。愛のエネルギーによって世界は形成されています。

愛には、ベクトルがあり、濃度があり、高尚度があり、強度があり、大きさ広さがあり、純粋度があります。そして、愛には、種類があり、様々な味わいがあります。愛には多くの基準とスケールがあるのです。愛の大きさ広さをスケールとすると、「自分個人一人」だけへの愛よりも、「パートナーと二人」への愛、「家族」への愛、「国全体」への愛、「世界」、「地球」、「宇宙」というふうにより大きく広い範囲への愛を目的とする行動のほうが愛は大きいと言えます。

例えば愛の濃度とは、その行動にどれだけ愛があるかを意味します。愛情の濃い人は、愛を与えたい対象が広く博愛的になります。与える愛が大きいほど幸福感を感じ、それは周囲に伝わっていきます。その結果、ますます愛が広がる好循環が生じて、自分も周りも幸せにしていくのです。

愛の薄い薄情な人は、愛が足りないので、飢餓状態になり苦しみます。飢餓状態になればば無意識でも周囲を傷つけ、周囲から敬遠されたり嫌われたりします。そして傷つけた罪による報いがあり、さらに罪をつくる悪循環に陥ります。

このように無意識で自分の罪に対しての罰を自分でつくり、受けていくことになります。もしも、あなたの周囲で「愛の飢餓状態」にある方を見かけられましたら、温かく思いやりをもって観ていただければと思います。「愛の飢餓状態」にある方は、同じような波動のところにおられます。

愛を奪い合って苦しむ人々の波動です。あなたが被害を被るような関係であれば、もちろん距離を置く必要はありますが、大いなる意志は何かを意図して、あなたにそのような人に出会わせたのかもしれません。人間の寿命はたかだか百年ほどですので、その出会いをどう受け止めるか、何を意図しているのかを考えてみるのも愛を目的とする行動のひとつなのかもしれません。

愛情は分けてあげても減ることがありません。大いなる意志は心優しいあなたの愛をみて、大変感謝されます。そして、ますますあなたの周囲には愛の基準が高い方々が集まり、純粋な愛で溢れた共同体が広がっていくのです。

あなたご自身が愛を受けてこなかった場合、それでも周囲の人々を愛そうと努力する姿を、大いなる意志が、見落とすことは絶対にありません。「天網恢恢疎にして漏らさず」と申します。

自分が受けたことの無い愛を絞り出そうとする時、大いなる意志があなたの愛と勇気に感動して、全力でサポートされるのです。

エピローグ

精神薬が引き起こす悪夢

この本の前身となった「唯愛論」の読者のみなさまから、私が過去に経験した事柄や鬱病になった経験について、詳しく書いてほしいと、ご希望を多くいただきました。そのリクエストにお応えしようと本書には、「精神薬を断薬した経験」について付け加えました。

「はじめに」でお伝えしました孤独感、絶望感については、ずいぶん改善されました。今も精神的に孤独な一面はありますが、孤独であることを肯定的に捉えることができるようになり、絶望することは、ほぼ無くなりました。

私の半生についての詳細を書くと、周囲の誰かを傷つけることになるかもしれないので、過去について詳しく書くことはできません。私自身、完成された人間ではなく、現在進行形で、残された人生の荷物を背負いながら、ＯＮＥルールを羅針盤にして歩んでいる最中です。

ただ、精神薬の断薬については、お役に立てることが多いと思いますので、お伝えしようと思います。

私は、過去12年間に及び、精神薬を日常的に服用してきました。10年前に全ての薬をやめて、現在は、薬のない健康な生活を送っています。私は医師ではないので、薬について語ることはできません。

そのため、私の考えではなく、体験した事実について詳しく書いていきます。精神薬を服用されている多くの方々に届くことを切に願っています。

私は過去にうつ病他精神疾患だと診断されていて、毎日「生きること」と「死ぬこと」の間を行ったり来たりしていました。12年間、精神薬を日常的に服用していましたが、10年前にうつ病を完全に治しました。

私をうつ病から救ったのは、「経絡タッピングセラピー」と「コーチング」です。

特に、精神薬を止める時に、厳しい禁断症状を克服することができたのは、「コーチング」で明確な未来を描き、継続的に未来を信頼できていたからです。

闘病中は、うつ病の他にも「パーソナル障害」や「発達障害」を疑われた時もありました。様々な療法や薬やサプリメントを試し、多くの病院や療法を試し、右往左往しました。この経験を生かしたいと思い、「コーチング」や様々な心理学、脳科学やセラピーを学んだのです。

今、あなたやあなたの大切な人が精神薬を服用されているとしたら、その薬がどんなに緩やかで優しく、法的にも一般的にも認められている薬だったとしても、その薬の「化学式」を調べてみてください。その薬は、自然界にあるものではなくて、人工的に作り出された「薬物」だということを、しっかり認識してください。

ちなみに私が長年継続的に服用していたのはデパス（エチゾラム）という一般的な精神薬でした。メデポリン・パキシルも長く服用しました。

この薬が私の人生をどれほど狂わせたか、禁断症状がどんなものか、そして、鬱病をどう克服したか、そこで体感した私自身の魂について書いていきます。

初めてうつ病の初期症状に気がついたのは、40歳過ぎのある日、視界が暗いと感じ、目の症状で眼科へ行きました。検査の結果、「精神的なショックによる症状」だということで、軽い精神安定剤を2週間分処方されました。

2週間が過ぎても、視界の症状は改善せず、不眠や絶望感などの症状がありました。その時点では、仕事の手を離すことができず、半年後に仕事が一段落してから、心療内科を受診しました。心療内科で鬱だと診断され、メデポリンとデパスを処方されたのです。

その後、投薬治療を受けながら、臨床心理士によるカウンセリングを継続的に受けていました。

約10年間、臨床心理士のカウンセラーは何人か入れ替わりながら、カウンセリングを受け続けました。

カウンセリングで傾聴してもらうと、一時的に心が軽くなったように感じましたが、現実的な生活環境を変えるほどの影響力はなく、うつ病の改善にはいたりませんでした。

認知行動療法（日記、報告、質問に答えるなど）、箱庭療法、絵を描く療法、クレニオセラピー、オステオパシー、○○式、漢方薬、漢方鍼治療、運動（歩行や軽い運動）、サプリメント（アメリカから取り寄せた）、占いなどなど、治りたい一心で、良いと言われる療法を色々と試していました。

どれも一時的には効果があるように感じて、しばらくその療法を継続しましたが、完治にはいたりませんでした。闘病の年月が長くなるほど、病気が治る見込みを信じることができなくなっていました。主治医に「断薬したい」と希望を伝えると、「断薬はゆっくりしたほうがいい。体に優しい薬だから、一生服用していても問題はない」と返事をいただきました。

何度か病院を変えたのですが、どの精神科医も心療内科医も同じ返事でした。

12年の間には、何度も自力で断薬しようと、薬を減らすことを試みていました。その断薬の話を書く前に、精神薬を飲んだことがない方のために、薬を服用したらどんな感じになるのか、私の体験を書きます。

まず、服用する前の鬱状態について書きます。全身が気だるくて、熱もないのに、インフルエンザにかかったようにしんどいのです。心は失恋直後のように、胸が痛む感じです。もの哀しいけど、泣くほどの元気がありません。頭はボンヤリしていて、思考や判断能力がないような感覚です。しんどくて、一刻も早くこの状態から脱出したいと感じています。身体を動かしたいと願っているのに、どういうわけか身体が固まってしまい動かすことができなくて、寝返りも打てないのです。やっとの思いで寝返りが打てても、起き上がる方法を忘れたように身体が硬直して動かせないのです。一大決心をして深呼吸をして、ようやく身体が起き上がる方法を見つけたようにゆっくりと動いてくれる、そのような感じです。常に息苦しくて呼吸がしにくく、深呼吸をするのも苦しくて、息をしているかどうかはっきりとは分からなくなりました。嬉しいとか楽しいといったポジティヴな感情は忘れてしまい、何を観ても聴いても面白くもなく、時折、ネガティヴな感情に襲われますが、やがてネガティヴ感情に慣れて、何の感情もなくなってきました。ただ、辛く苦しく、しんど過ぎて、心の中で「だれか!助けて!」と叫んでいました。にもかかわらず、声には出すこともできず、ただぼんやりとした表情しか浮かべることができなくなっていました。

そんな鬱状態から、初めて精神薬を飲んだ時、30分ほどで(効果が出る時間は、個人差があります)心がすーっと軽くなり、全身の気だるさがなくなり、ホッとしたような安心感が広がりました。

服用前の憂鬱としんどさが、ウソのようになくなり、気楽な気分になります。思わず、「神様、ありがとう!」と心の中で叫びました。

信頼しているお医者様から出してもらった薬ですので、安心して、安全なお薬だと神様にも、お医者様にも、周囲にも、感謝して服用することにしました。

これが精神薬を初めて服用した時の私の感想です。今、思えば、最初に目の視界が暗くなったとき、眼科で「精神的なショックによる瞳孔の不具合」だと診断されたときに、自分の体からのSOSを感じ、すぐに仕事を辞めて、休養すれば良かったと思います。自分の心を大切にすれば良かったと思います。

精神的なストレスで、視界の異常が何ヶ月も治らないということは、そのストレスから自らを解放する必要があったのだと思います。長年の生活環境や人間関係を変えるのには、大きな勇気と決断が必要です。

この時点で、自分を大切にする気持ちがもう少しあったら、心から信頼できる相談相手が一人でもいたら、精神薬依存にはならなかったと思います。当時の私は、体からのSOSを無視して、視界が暗くて半分くらいしか見えないまま不眠をいいことに、睡眠時間は2〜3時間で働き続けました。

半年後に心療内科を受診した時には、しっかりとした鬱病になっていました。そして、心療内科で処方された精神薬を服用しました。

精神薬を服用すると、とても気楽な気分になりました。心の痛みは、軽減し悩み事や心配事も小さくなったと感じます。ただ、本来、考えて答えを出す必要があることにも、楽観的になり、思考をまとめることができにくくなりました。

思考しても、結論まで出すことができず、答えが出るまで考えきることができなくなり、判断力が低下していました。

例えば、私は健康なときは、考え事をするときにノートに書き出しながら考える癖がありました。今になって、鬱病当時のノートを読み返すと、鬱の時に書いたノートには毎日のように、自分に対する質問を投げかけて書いていても、結論に至っていませんでした。

対人関係においても、相手の意向を想像する力が低下していて、相手の意向に無条件に従ってしまったり、一時の感情に流されて、判断してしまうことが多くありました。また、記憶力や観察力も低下していて、人の顔の判別や出来事の記憶もしにくくなっていました。

私は12年間もこのような状態でしたので、現実的なマイナスも多くありました。例えば、借金の連帯保証人の欄に簡単にサインしたり、無地の用紙に住所氏名を書き、実印で捺印したりもしました。

大切な人の顔を忘れ、自分の感情に気がつかないこともありました。精神薬の作用で食欲や性欲、睡眠衝動が異常になり、駅のホームで昼間に数時間、眠っていたこともありました。

その他にも、数々の大切な人間関係を失うような大きなミスをしていました。

健康時には毎年200名ほどの知人友人との年賀状のやり取りがありましたが、鬱状態の時期のミスによって、多くの信頼関係を失い、年賀状のやり取りも一時的にはゼロになったのです。

後々、鬱病が完治した後に人生を立て直すときにも、大きなマイナスの状況からのスタートとなりました。

あまりにも大きな12年間の損失でした。鬱病はとても辛い症状でしたし、精神薬は、たしかに鬱病の辛さを和らげてはくれました。

しかし、精神薬を服用することによって、思考や様々な脳の機能が低下し、欲望をコントロールしにくくなることを実感しました。自分の脳が壊れていく感覚も無いまま、知らない間に少しづつ壊れていきました。

精神薬を服用すると、鬱の症状と精神薬の作用の両方からの影響で気分、感情、思考が左右されます。

鬱の症状以外に精神薬を服用することで、二次的に生じる症状が出てきます。つまり、症状と薬の副作用の二つのことが脳で一度に起こるわけです。

この二つの脳の働きを冷静に分けて、判断する必要があります。服用されている精神薬の効能と副作用をよく調べることが大切です。

例えば、「やる気が出てくる精神薬」は必要のない食欲、性欲も出てくると感じました。「不安を抑える抑うつ剤」は危険を察知しにくくなりました。「睡眠導入剤」や「睡眠薬」は緊張感が必要な場面でも、集中力が低下することを感じました。

そのような副作用的な症状を自分で感じ取り、判別していく必要があります。私自身、精神薬を服用しながら、自分の感情や思考が薬のせいか、鬱病の症状のせいか、判断しようと頑張っていましたが、自分自身が鬱病を患っていながら、自分の精神状態を冷静に判断するのは相当に難しいことでした。

闘病中に完璧にできたわけではありませんが、自分の脳の作用なのか、無意識の目的の作用なのか12年間も試行錯誤して、だんだんと冷静に判断することができるようになりました。

闘病中になんども仕事も変え、プライベートでも離婚し、再婚し、再び離婚しました。人間関係も一掃し、多くの経験をしました。

今、振り返ると、この「ONEルール 人生の羅針盤」を書くためには、全てが必要な経験だったと思います。

さて、それでは、どのようにして、私が鬱状態から脱却したのかについてお話します。闘病中に人間関係を一掃したら、私のそばには次男と時々会ってくれる長男との関係だけ残りました。

その頃、ふとインターネットで見つけたカウンセラーのお試しのセラピーを受けることにしたのです。それが「経絡タッピングセラピー」でした。

驚くほど早く、一瞬でネガティィヴな感情が取り除かれました。約半年間、毎週、通ってセラピーを受け、自分自身でできる方法を学び、毎日自分でもセルフタッピングをしていきました。さらに、タッピングセラピーに加えて、ＥＭＤＲ（眼球高速運動療法）も習得し、実践していました。

その頃は、ネガティヴな感情や感覚に埋もれていましたので、「孤独感」「怒り」「悲しみ」「絶望感」「憂鬱」「恐怖」「後悔」「罪悪感」「痛み」「強烈なシーン」「思い込み」「ネガティヴな信念」「不安」「心配」などなどをどんどん取り去っていきました。自分の心が、どんどん軽くなっていったのです。

経絡タッピングセラピーは、即効力があり、数分のタッピングで驚くほど早くネガティヴな感情や思い込みを手放していくことができました。心が軽くなるにつれ、生活状態も落ち着いてきた頃、「コーチング」という技術があることを知り、「コーチング」のお試しを受けることにしました。

初めて受けた「コーチング」体験の感想は、今まで受けてきた「カウンセリング」と同じように感じ、特に驚くような差は感じませんでした。

そのような1回目のコーチング体験でしたが、私は継続してコーチングを受けることにしました。すると、コーチが宿題を出してくださいました。その宿題は「今までの人生でうまくいったこと」を書き出すというものでした。それを3ページ書き出して、2回目のコーチングに行きました。

そのセッションで「もし何の制約もなかったとしたら、どうなりたいか？」と質問をいただき、そのシーンを思い切ってコーチに話しました。


その時に描いた未来は、今も大切にしています。その時の理想の未来は「リビングの大きなテーブルを子ども達とその家族、同志・仲間達で囲んでいて、みんなで海外で活躍する社会起業家を育てる事業をしている。発展途上にある国を何カ国も支援する事業をしていて、次はどこの国を救うかを相談している。私は、みんなと一緒に世界平和が実現していく様子を大きなモニターで見ながら話し合っている。」と未来の夢をコーチに話しました。

その時から、どんどん元気が出てきて、4回目のコーチングを受ける頃には、私は薬をやめる決意をしたのです。

12年間の間には何度も精神薬をやめようと試みて、少しづつ減らしてみようと、何回もチャレンジしました。漢方薬やサプリメントやその他の方法に置き換えてみようと努力しました。しかし、少し減らすと、その度に調子が悪くなりました。そんな状態にも関わらず、断薬を決意できたのは、コーチングで未来の自分を信じることができたからなのです。

私の場合は、少し薬を減らすと、次の9つの症状が出ました。

1・目の調子が悪くなり、平衡感覚がなくなる（天井が落ちてくるように見える）
2・耳鳴りがする
3・手が震える（手足の感覚が鈍くなる）
4・手足と下半身が冷えて、頭だけ熱い
5・目の奥と頭が痛い
6・不眠がひどくなる（1週間でも一睡もできない）
7・恐怖と不安で苦しくなる
8・怒りなどの感情が強くなる
9・記憶力が低下する（暗記ができない・1時間先の予定を忘れる・過去の一時期の記憶

がない）

コーチングに出会う前には、病院に相談すると「それらの症状は、鬱病に伴う症状で、まだ精神薬が必要。断薬は早すぎるから精神薬を服用するように」と言われました。

その度に、その症状が鬱病からくるものだと信じて、断薬を途中でやめてしまいました。

今、完全に健康になって振り返ると、先ほどの1〜5の症状は鬱病のせいではありませんでした。ここまでの症状は断薬のための禁断症状でした。それが分かったのは、禁断症状と戦ってその症状がなくなり始めてからです。

そして、6〜9の症状はその時の私にとって、必要な症状だったと後々に気づくことになります。断薬し完全に克服すると、それらの症状は綺麗になくなりました。

コーチングを受け始めても、はじめのうちは、私は精神薬を服用していることをマイコーチに話しませんでした。服用していると、打ち明けることができたのは、コーチングセッションの4、5回目になってからです。

4、5回目のコーチングのセッションの中で理想の未来についてお話しした日、帰宅してから、「その未来の理想の場面」を絵に描きました。絵は得意ではありませんので、簡単なメモのような絵です。

それから「理想のシーンを文章に書く」宿題をしました。Ａ４に10ページほど書きました。書けば書くほどに元気が出てきたのです。

脳は、時間軸を超えて未来を現在のように感じることができます。リアルに夢を描くことで、未来が実現したような感情になり、元気が出てきます。

未来の自分を想像している時、明らかに「未来の自分は薬を止めていた」のです。このように、未来を強く信じることができたので、私は薬をやめる決断をしました。

まず、マイコーチにメールで報告しました。「薬をやめます。私の一存でやめます。薬をやめるのは私の意志です。」というような内容を書きました。メンタルコーチは医者ではないので、医者が処方した精神薬をやめることを許可する権限はありません。

だから、「医者に相談したら、服用を勧められます。なので、私は自分の判断で断薬します。」と言い切りました。マイコーチが、私の「コーチング」を中止せずに継続してくださったおかげで、今の私が存在しています。本当に心からマイコーチに感謝しています。

そして、私は医者に処方された精神薬を「ゴミ箱」に捨てました。それまでは、万が一の備えにと思って、家のあちこちに精神薬を置いていました。断薬を決断するまでは、宝物のように大切に置いていた精神薬を「ゴミ箱」に捨てたのです。それでも、全部捨てたのではなく、まだ少し残っていました。しかし、決断した日は一切、精神薬を飲みませんでした。

それ以前にも何回も断薬を試みてきたので、断薬したらどんな症状が出るかは、わかっていました。前述したような軽い禁断症状が出てきました。それでも、精神薬を飲まずに、2日おきました。ほとんど眠れずに3日目の朝になりました。

禁断症状はどんどん進んでいきました。家の中が歪んで見えていたのですが、一番に驚いたのは、大切に育てていた観葉植物が、全部、茶色になったことでした。はじめは、観葉植物が枯れたのだと思いました。

目を凝らしてじっと見ていたら、観葉植物が今度はグレーになり、透明になり、虹色の蛍光色になりました。観葉植物が枯れたのではなく、自分の目の問題だと気付きました。視界全体は歪んで、遠近感がなくなっていました。

家の中の階段は、はしごのように見え、家の中でも立っていることができなくなりました。耳は、自分の声が反響して聞こえにくくなりました。

人の声も遠くで話しているような感じでした。味覚がなくなって、飲み物も食べ物も味がなくなりました。塩をいくら入れても塩味がしなくて、塩を舐めても、塩辛くなくて、頭がピリピリしました。

フローリングの床が柔らかくなり、歩いた跡がへこんでいくように感じました。手にするものが、硬いか柔らかいか、わからなくなりました。

感覚がなくなって、熱いか冷たいかも、わからなくなりました。触っている感覚がなくなり、触っているのか、どうかも分かりにくくなりました。飲み物が熱いか、ぬるいかもわからなくて、何度も舌を火傷しました。

歯が浮いたように感じ、とても気持ちが悪くて、歯医者さんに行きました。全く歯には異常がないのに、歯が腫れて痛んでいる感覚がしていました。突然、臭い匂いがしたと思うと、急に大好きなお花のカサブランカ（ユリ科）の香りがしました。

視覚、聴覚、味覚、触覚、嗅覚、五感、全部に支障が出ました。五感全部が狂ってしまって、自分が生きているのか、どうかさえ疑わしくなりました。

ただ、頭の芯の部分に熱いような痛みがありました。不思議なことに、その状態でも、自分の意志だけはしっかりしていて、「こんなに強い禁断症状が出るのだから、今まで服用していた薬は相当強い副作用がある薬だ。そうとわかったら、どうしても断薬したい。」

このように客観的に判断できる自分がいたのです。この経験から、脳の部分とは別に自分の意志の存在があることをはっきりと感じました。この感覚を何度も感じ、ある日、私はこの感覚は脳の感覚ではなく、私の魂の感覚だと悟ったのです。この体験は、私を未知の分野である人類の真理を研究する動機になった大きな出来事でした。

朝起きても、目の前には歪んで今にも落ちてきそうな天井があり、全体がセピア色だったり、グレーだったり。耳には、訳の分からない雑音が聞こえ、手足の感覚もなく、一体、生きているのか、どうか。いつまで、こんな状態が続くのか。ネガティヴな感情は、ほとんど起こってきませんでしたが、神に祈りました。

「神様、なぜ、私を苦しめるのですか?なぜ、私は禁断症状に苦しむのですか?私は、好んで、薬を飲みましたか?私は、好きで薬を飲んだわけじゃない。」

神様からの返答はありませんでした。

それでも「どうしても薬をやめる。」と決めました。そう決めることができたのは、「コーチング」でリアルに夢を想像できたからです。

私の目には、無茶苦茶な景色しか見えていませんでしたが、脳裏に、はっきりと未来の幸せが見えていたのです。看病してくれる人はいませんでした。お腹が減る感覚はあるので、冷蔵庫にある食糧を胃に放り込みました。そして、数日経って、どうしても外出する必要があったので、数時間、外出するために精神薬をハサミで削ってほんの少しだけ舐めました。

すると、30分ほどでまたカラー付きの映像になり視界が戻るのです。そうやって、外出時だけ、精神薬を削って、舐める生活をし始めました。精神薬の威力をまざまざと感じました。

威力がわかると精神薬の恐ろしさが身にしみて、ますます断薬する意志を固めることになりました。「絶対に薬をやめる」それだけを思って、禁断症状に耐え続けました。

この断薬生活は半年以上続きました。半年経った頃、ようやく、禁断症状が少しずつ弱まってきていることに気づきました。

そして、「一切の薬をやめる」決断をしました。まだ少しだけ残していた精神薬をゴミ箱に全て捨てたのです。『心の病に薬はいらない　著　内海聡』この本が役に立ちました。精神薬は脳みその脂肪に蓄えられていること、汗をかくことで老廃物を排出できることを知り、長風呂で発汗するようにしました。


五感が異常なので、スポーツなど体を動かすことはできませんでした。禁断症状に耐えるのは、自分の脳みそと自分の意志との戦いでした。脳みそは体（無意識と本能）で、意志は「魂」です。

魂（意志）で脳みそを入れ替える作業でした。禁断症状との戦いはいつ終わるのか分からない。死んでも終わるかどうか分からない辛い時間でした。

ですが、終わりは、やってきてくれました。少しずつ目が見え始めて、耳が聞こえ始めたのです。1年後には五感のほとんどを取り戻していました。

鬱は脳の故障のようなものだと思います。鬱の時は脳が少し勘違いして、誤作動したりしますが、精神（魂）は私のままでした。それを、はっきり感じることができたのは、禁断症状で五感に支障をきたしていた期間です。

五感と記憶力は、現在も鬱になる以前の状態までは戻っていません。断薬以来、自分の脳に自信がなくなり、私はあまり脳を頼りにしなくなりました。脳は有限であり、いつか失うものであると実感できたからです。それほど、脳を頼りにしなくても、ただ正直であれば、愛を感じて生きていけることを知りました。

私は、自分の精神（魂）がどのようなもので、どんな意志があり、何を価値として、何のために生きていきたいのか、はっきりと自覚できるようになりました。そして、心の底から自分を信頼できるようになり、自分を好きになりました。

「鬱を克服する経験」ができて良かったですし、心から感謝しています。

今、鬱を抜けて10年経ち、自由に人生を描けるようになりました。

60年を振り返ると、断薬を頑張った時期は、ほんの一瞬でした。禁断症状は、気分はよくはありませんが、魂に従って選択した行動でしたので、それほど辛くはありませんでした。

それよりも、今までで一番辛かったのは、愛している子どもとの縁を絶たれたことです。

この件に関して、私はこのように神に祈りました。

「神様、この苦しみは私一人で十分です。もう二度と誰にも、この経験をさせないでください」

そのためかどうかわかりませんが、私のその苦しみを理解してくださるような方に、これまで一度も出会ったことはありません。

まとめ

ここまで読み進めてくださり、ありがとうございます。
最後に、最もお伝えしたいことを書きます。
結局、「宇宙の大いなる意志とは愛のエネルギー」だということです。魂とは、意志であり志向性だと前述しました。個々の魂は、大いなる意志から分け与えられた「愛を実現したい意志であり志向性を持ったエネルギー」なのです。

しかしながら、「地球の人類がこのように堕落し、壮絶な復帰の茨道を歩むことになることを、大いなる意志は、人類を創造した時から、想定内だったのか？」という疑問は当然出てくると思います。

聖書の記載にあるように、宇宙の大いなる意志は、堕落の後にエデンの園からアダムとイヴを追放したのですから、ネアンデルタール人とホモ・サピエンスの交雑は、大いなる意志の計画になかったはずです。残念ながら、宇宙の大いなる意志の計画ではない相手との性交渉だったと考えることが自然です。天地創造の神様であり、完全無欠の大いなる意志ですが、この計画は望んではいなかったと推察します。

また、仮にネアンデルタール人との交雑は、まだ想定内だったとしても、その後の展開で世界全体に堕落因子に満ちた人類が蔓延し、精神世界まで支配されることは想定外だったように推察します。産まれたての新生児の誕生を喜ぶ親が、その子どもの幸せしか想像できないように、大いなる意志もまた堕落後の悲惨な状況を想定できなかったのかもしれません。また、堕落因子に満ちて悪事を繰り返す人間を観ても、自身の創造物である以上、完全に嫌うことも憎むこともできず、慈悲の愛で観ておられるのではないでしょうか。善と悪の両方に向かい悩む人間達を観て哀れに思い、捨てることも生かすこともできずに、大いなる意志も悲しまれることもあるのではないかと思います。

そのような中でも、大いなる意志は、人類を信じて、未来に希望を抱いて、日夜働く愛のエネルギーであることに違いはないと思います。

宇宙は今も生きていて拡大し続けています。もともとの大いなる意志のコンセプトと目的は、様々な紆余曲折があったとしても、完成していくと考えます。

冒頭で「科学的にも哲学的にも心理学的にも宗教的にも思想的にも、全ての理論を網羅し、集約する本当の真実とは何か」を探して来たとお伝えしました。

本書の核心は、「聖書にある堕天使ルシファーは、ネアンデルタール人である」ということです。それが現代人にどう影響しているか、幸福になるために、どう生きればいいかについて、人類史に基づく根拠と理論、解決策についてお話してきました。

「はじめに」の冒頭でお伝えしましたように、この考え方をマジョリティの方々が受け入れてくださるのは難しいと考えています。

新しい考え方ですので、賛否両論あるかと存じます。間違っているところもあると思います。部分的にだけ信頼してくださる読者もおられると思います。人類歴史についての一つの考え方だと捉えていただければ幸いです。世界には、数多くの宗教や思想哲学が存在します。もし、本書がお読みになった方のどなたかの信仰やお考えと異なっていましたら、その点はご容赦ください。私は、異なる思想哲学の方々と争うことは避けたいと考えております。もちろん、宗教ではないので、宗教的な議論はいたしません。

ところで、人類における、およそ数十万年間の歴史のバトンを私たちは受け取って生きています。

この「歴史」という文字の「歴」の漢字には、どのような意味があるのでしょうか？「歴」の上の部分は、がんだれの中に「林」という文字。これは、「命の木（アダム）」と「善悪を知る木（イヴ）」を表しているのかもしれません。その下に、「止」という文字です。エデンの園にアダムとイヴがいた、そして、止まった、もしかしたら、それが「歴」という漢字の意味なのかもしれません。

大いなる意志が創造された人間の歴史は、一旦エデンの園で止まりました。そして、その歴史を進めていくことができるのは、現在、命を与えられて生きている私たちではないでしょうか?大いなる意志の希望と期待を担って、私たちの魂はこの世を選んで生まれてきたのかもしれません。

忘れてしまっているかもしれませんが、私たちは止まってしまった歴史を進めるために生まれてきたのではないでしょうか？その使命は、それぞれ別々で個々に異なる使命があるのだと思われます。

本書が、その貴重な人生をどのように輝かせ生きるか、どのように使命を果たしていくのか、を考えていただく機会になればありがたく光栄に存じます。一人一人が、自分の使命に気づき、歴史を進める一員として、幸せに生きるという責任を果たすことができれば、世界は自然に平和へと近づいていくはずです。

そのために、一人一人が自己理解を深め、自分の人生を自分の魂で舵取りし、自らの人生を創造していただければと思います。本書は、そのために知るべき人類歴史の秘密について解き明かした「ONEルール」です。本書の読者の皆さんが、「ONEルール」を知って、どのようにお考えになるかは、自由です。

本書を人生の道しるべ、羅針盤として使って、人生を甦らせ再生して、真に幸福な人生を歩んでいただけましたら幸いです。

これからも多くの方々によって考察は進み、人類はさらに真理を探究し続けるでしょう。

本書は、現実世界も、目に見えない精神的な世界観も、総合的に捉えた宇宙創造の壮大なスケールのお話です。「ONEルール」の視点は、時間的空間的に最も俯瞰した大いなる意志の立場にたった視点です。地球の目に見える物質世界の様々な問題、経済社会や金融システム等の問題を解決するためにも、宇宙開発や環境破壊の問題解決にも、この俯瞰的な視点があればと思います。

思想や哲学、心理学など、精神性についても、それぞれの分野でばらばらに研究されてきましたが、俯瞰的な視点に立つことによって、統合的に研究が進めば、飛躍的に進化していくと思われます。

もしかしたら、量子力学を応用した科学技術や、異次元の発見、宇宙人やＵＦＯなどの様々な不思議現象等、本書が、今後の考古学や科学の考察のヒントになるかもしれません。

本書をご理解くださった方々が、思考研究を進めてくださり、地球上の未解決の様々な問題についての答えを導き出し解決してくだされば、大変光栄です。


本書を閉じられた後に待っている現在の現実社会は、数字で評価され管理される縦型の人間関係社会です。現在の人類は、「愛」ではなく「数字」で評価される社会システムの中に住んでいます。しかし、それは目に見える肉体だけの居場所であり、大いなる意志を中心とする精神世界は「愛のエネルギー」で構成されているのです。現実の縦社会の人間関係システムに惑わされることなく、「愛」を中心として考え、行動できる人間が増えることが、世界平和の実現を早めることへの近道だと考えます。

「愛」は、自由であり無限です。

「愛」は命を超え、時間も空間も超越します。

「愛」について語れば、尽きることがありません。

「愛」は大いなる意志であり、人間そのものです。
私たち人類にできることは、「愛を大切にして生きる」ことだけです。
「ただ愛を生きる」ことが、すなわち、全てなのです。

最後に

最後まで熟読していただき、ありがとうございました。皆様方を、大いなる意志が祝福してくださいますように願ってやみません。

私自身が現在、幸せかと問われたら、「幸せです。」と答えます。「ONEルール」を喜んでくださる方々とお話できる時、「心が通じている！同じ考えの人と直にお話できる！」と嬉しくて夢中で話し込んでしまいます。さらに話が進んで、宇宙の目的や大いなる意志についてあれこれと想像して、話し合う時が至極の時間です。食事も帰りの時間も忘れて、何時間でも議論に没頭する友達、仲間がいることが幸せです。

では、私自身が、完成したのかと問われれば、「もちろん、未完成です。」と答えます。当然ですが、私はただの堕落因子をもった人間であり、その克服のためにまだまだ試練もあり、その都度右往左往しています。

正直に申しますと、本書を執筆していた3年間の間に、孤独感、空虚感に苛まれる時もありました。そのような時は、大いなる意志も未だ完全に幸福感に満ちてはおられないのかもしれないと、宇宙へ思いを馳せました。しかし、私自身も宇宙で創造された1つの小さなエネルギーに過ぎないので、傲慢にならずに大いなる意志の目的に向かって真っ直ぐに生きようと考え直しました。

時折、孤独になったり空虚感に見舞われたり、持病が悪化して身体が痛むこともありましたが、この本の執筆に携わると、不思議と痛みが和らぎ、執筆に没頭することで孤独を忘れることができました。

3年前に本書の核心を知った当時から思えば、私はずいぶんと気楽な明るい性格に変化しました。「ONEルール」の前身となる書籍は昨年、数百人にお読みいただいています。「ONEルール」をお伝えできた数だけ、使命感に由来する深刻さが軽減していくように感じます。

少し話が逸れますが、何かを生み出そうとすると、恒常に戻そうとする力が抵抗します。その抵抗の力について、考え方や対処方法を、今後、何かの形でお伝えしていきたいと思っています。
この理論に出会い、あれこれ考える中で、私はすっかり絶望感を手放すことができました。現在少しくらい辛いことがあったとしても、未来に希望をもてるようになりました。絶望さえしなければ、人は生きていけると思います。とりあえず、寿命まで精一杯に生きてみようと思うようになりました。

本書の出版の後、私がどうなるのか、私にも分かりません。執筆中、ただ精一杯に、私を取り巻く環境の中で自分の堕落因子と戦い、祈り求めて拙い言葉を紡いで書いたことだけは間違いありません。あとのことは、大いなる意志にお任せするしかありません。

末筆になりましたが、本書の核心部分を伝授くださいました諸先生方の存在があって、今回の出版にいたりましたことをお伝えし、ここに諸先生方へのご報告と感謝の意とさせていただきます。
「はじめに」で書きましたように、２０１８年夏、私はこの理論をどう伝えたらいいかと途方に暮れていました。悩み果ててベッドでうとうとしていると、頭の上で大きな声が聞こえました。

「えつこさん～しんぱいしているんでしょう。すべてうまくいきますから、あんしんしてください～」ずいぶん大きな声だったので、私は驚いて、起きて振り返って見ましたが、誰もいませんでした。穏やかなはっきりとした男性の声で、日本語でした。生まれて初めて体験した不思議な声でした。執筆の意欲が続いたのは、この声のためです。

執筆中、心身を整え守り続けてくださった陰陽師の亀田剛典先生、本書の内容を最初から信じてくださり、あとがきを下さいました、一般社団法人日本コーヒーフェスティバル実行委員会　代表理事の川久保彬雅氏に心から感謝申し上げます。同じく、あとがきをくださいました障がい者就労移行支援施設はぐみワークスの松尾晃志氏とは、不思議なご縁から始まり、最終的に意気投合できましたこと、大変ありがたく感謝しております。出版社の筒井啓樹氏には、長期間に携わって、編集、構成をしていただき大変感謝しております。関川波輝氏はじめ、多くの同志、仲間が忌憚なく助言し応援してくださったおかげで出版に至りましたこと、厚くお礼申し上げます。本書を愛し制作に携わってくださった皆様すべての方々に、大いなる意志が感謝され愛し導いてくださいますように。

本書の内容を世に出すことを提案し、陰になり日向になり支えて続けてくれた長男の髙田啓貴氏、茜氏夫婦に感謝します。この功労を大いなる意志が大きく評価し祝福されますように。最末文のあとがきをくれたのは、私が敬愛し、人生のお手本にしている長男の妻、髙田茜氏です。

本書は、次男の髙田大愛氏が第1章・第2章を執筆し、骨組みを考え挿絵を描きました。大いなる意志が彼に感謝され、永遠に愛し守られますように。そして、長男、髙田啓貴氏と次男、髙田大愛氏との愛と信頼で固く結ばれた兄弟関係のおかげで、今回の出版に至りましたことを、ここにご報告させていただきます。

様々な環境に翻弄されながらも、この家族の信頼関係が守られたことに奇跡を感じています。

最後に、私達を愛し導いてくださった数知れない霊界におられます義人聖人の方々と、数十万年間において歩み続けてくださった先祖のみなさま、宗教、哲学、科学を通して研究し多くの道を示してくださった歴代各研究家の方々、そして、大いなる意志が、足りない私の文章を赦し受け入れてくださったことに深く感謝申し上げます。
この本を読んでくださった全ての皆様方が、大いなる意志の溢れるほどの大きな愛で満たされ、更なる幸福へと導かれますように。

2021年8月吉日

高田悦子

あとがき

髙田さんは私の喫茶店のお客さんでした。彼女が店にやってくると、その場の空気が澄んでいくように感じたのが最初の印象です。そこから何か特別なことがあったわけでもなく、普通に会話をするようになりました。その会話の内容は、いつも「人」や「愛」についてでした。

私はもともと脳の働きから身体活動を治療するリハビリテーション業に従事しておりました。その中で表すことのできない難問を持つことになりました。

「思う」だけで脳の活動電位を変化させ、その電位の変化にその「思い」を乗せて身体の諸器官へと指令する。「思う」だけで人の身体に物理的な変化を起こすことができる。これは一体どういった訳で成立しているのか、これが私が抱え続けている難問です。

様々な学問や宗教などがこの領域について論じていますが結論は出ず、現在では様々な対立構造を生んでいます。私は珈琲という大変カジュアルな飲み物の持つ特性を利用し、そういった様々な対立構造を緩和すべく、様々な領域の人が集まる場所を設け、会話し繋がりを持つことが大切であると感じています。

その先にあるものが「愛」なのかもしれません。それに気づいている人は、多くいるように感じています。

高田さんが描く、この「人生の羅針盤　ONEルール」はその難問における先導的な役割となると感じています。言い換えれば、高田さん自身がそういった役割を担っているようにも感じています。

現代の人は、なんとなくぼんやりと感じたり思ったりしていることに対して自信を失っています。言葉は自己の感覚や思考を他者と共有・共感するために存在していますが、その言葉の持つ間、主観性が先行しすぎており、自己としての感覚や思考を否定しながら、存在しているように感じています。自己を愛し、真に愛する人とその感覚や思考を共有することで、現実世界はもっと多くの彩りを表し、また自己の行動の原理として大きな力を発揮するきっかけになり得ると思っています。

こうした一連の諸問題を本として出版されることに対し、私は大きな敬意を持って関わらせていただきたく思っています。本の出版は到達点ではありません。ここからまた新たな現実世界が現れ、現実世界の中で自己の感覚や思考を他者との新しい共感・共有の仕方が現れるでしょう。

そこにいつも愛がありますように。

一般社団法人日本コーヒーフェスティバル実行委員会／珈琲焙煎研究所

川久保 彬雅

私は元々、哲学や心理学を学んでおりましたが、宗教や精神世界の類いは全く信じておりません。この本を知人から勧められた時も、正直かなり警戒していました。しかし読み進めていくにつれ、この本に書かれていることは宗教の類いではないということに気づきました。そして、この本の「大いなる意志」などの言葉を多角的に解釈でき、その内容を理解することができました。

そんな時、何のご縁か、喫茶店で髙田さんご本人と偶然出会いました。私は失礼もさることながら、自分の解釈と疑問点を髙田さんご本人に直接ぶつけさせていただきました。それでも髙田さんは嫌な顔一つせず、全ての質問に丁寧に答えてくださりました。そして私の無神論的な解釈に対しても「それでいいんですよ。どの解釈も自由で全て正解です。ご自分の解釈を大切にしてくださいね。」と答え、この本を書き下ろした真意についてお話しくださいました。

この本の真意は本当に簡単なものでした。「自分を赦す」「人を赦す」「感謝する」「ありのままで生きる」など、そこに宗教や霊的なものは関係なく、誰もが持つことができる、ただの「人としての大切」を伝えていくことでした。

この社会は未だ様々な問題で溢れています。高田さん自身、その被害者でもあります。しかしそんな高田さんだからこそ執筆できたこの本は、少しでも人が生きやすい世の中をつくるための「祈り」のような一冊です。どうか皆様がこの本の真意に気づいていただけることを願っています。そして私自身も皆様の人生が笑顔と愛で満たされることを願っています。

障がい者就労移行支援施設はぐみワークス　松尾　晃志

私自身の人生が良い方向に向かったのは、主人との結婚と母との出会いが契機でした。いつも私の人生の転換期には、母が嫁と姑という関係を越えて、悩みに真摯に寄り添い、俯瞰した視点で方向性を示してくれていました。

そのお陰で、私は今も自分で納得した人生を送れています。この本はそんな母の人生そのものを表現している本だと思います。

「よりよく生きるには」「成功するための秘訣」「人生に必要なものは愛だ」等、悩みやストレスの多い現代の私たちに、何かしらの答えを与えてくれそうな本は多数存在しますが、歴史や宗教、科学、哲学、心理学、脳科学など様々な分野を網羅しながら、原理原則について具体的に解説されている本は他にないと思います。

後半からは「ＯＮＥルール」として具体的な実践方法が示されています。本書の「８つの言葉」は母自身が常日頃、実践している姿に感化され、私自身も悩みや負の感情が生じた時にはこの言葉を軸に自分自身の言動を振り返り、修正を重ねています。

また私の専門である保育学や子育て支援の観点からも、子どもたちの人生に大きな影響を与える保護者や保育者に、普段から心掛けてもらいたい人生や物事の捉え方がたくさん詰まっていると感じました。

この本が一人でも多くの方に読まれ、愛で溢れる世の中になること、そしてこの本を手に取った方々がよりよい「自分の人生」を送れることを願っています。

株式会社 SEIWA GLOBAL
はぐみ保育園グループ
統括責任者　髙田 茜

【著者プロフィール】

高田 悦子

一般社団法人 国際コーチング振興協会 代表理事
コーチングコンサルタント資格認定講習会　講師
カウンセリングコーチ資格認定講座　講師

鬱病１２年間、禁断症状を超え断薬した経験から、クライアント目線で 「結果の出る想いやりコーチング」を研究。「心理学」と「コーチング」を独自に融合。これまで数千人以上のコーチング、コンサルティングを行う。「心のネガティヴ発生装置」を根本的に除去して、飛躍的に理想を実現する画期的な技術「ナチュラルコーチングプログラム」「セルフコーチングプログラム」を開発。さらに、人類史を科学的にひも解き「ホモ・サピエンスの真実と羅針盤」を発見し「ＯＮＥルール」を完成。宇宙平和に向けて同志と共に活動中。

【参考文献】

・『ネアンデルタール人は私たちと交配した』 スヴァンテ・ペーボ著
・『嫌われる勇気』 岸見一郎氏　古賀史健氏　共著
・『サピエンス全史　上下』 河出書房新書
・『僕は、死なない』 著者 刀根健氏　ＳＢクリエイティブ株式会社
・新約聖書（口語訳）
・旧約聖書（口語訳）
・Knocking on Heaven's door: How Physics and Scientific Thinking Illuminate the Universe andthe Modern World 2012/10/2
・Lisa Randall（著）
・NHKスペシャル 人類誕生 単行本 – 2018/8/7
・NHKスペシャル「人類誕生」制作班（編集）、馬場 悠男（監修）

高田悦子先生から読者様へ
「カウンセリングコーチ資格講座」
ダイジェスト版を無料でプレゼント！

コーチングに活かすONEルール
（約３０分の動画講座）

◇ 心の基準
◇ 人類共通の思考と目的
◇ 恋愛コーチング
◇ 結婚・離婚の考え方
◇ イメージが現実化する

プレゼントを受け取るための3STEP

① QRコードを読み取る
②「ETSUKO TAKADA 公式LINE」をともだち追加
③ 必要事項を記入の上、送信

人生の羅針盤
ONE ルール

2021年9月15日　初版第1刷発行
2021年9月24日　　　第2刷発行

著　者　　高田 悦子
発行者　　Greenman
編集者　　Greenman
装丁・本文デザイン　三森 健太

発行所　Rashisa 出版（Team Power Creators 株式会社内）
〒 558-0013 大阪府大阪市住吉区我孫子東 2-10-9-4F
TEL : 080-5330-1799

発　売　株式会社メディアパル（共同出版者・流通責任者）
〒 162-8710 東京都新宿区東五軒町 6-24
TEL : 03-5261-1171

印刷・製本所　株式会社堀内印刷所

ISBN 978-4-8021-3275-6　C0010